千年おかみの哲学

千年分の
相撲部屋の
苦労を引き受けた
大相撲常盤山部屋
第十七代おかみの
「人情」の哲学

第十七代常盤山部屋おかみ
モリムラルミコ

致知出版社

序章

千年おかみとは

大相撲の世界にはだいたい平均して四十五位の相撲部屋が存在しています。全ての力士や裏方、親方衆は公益財団法人「日本相撲協会」の協会員となります。そしてその全ての協会員は必ずどこかの相撲部屋に所属することになります。相撲部屋に所属していない協会員は一人もいないのです。相撲部屋の師匠（一部屋必ず一人です）に奥さんがいたとしたら、そのひとが自然的に「おかみさん」と呼ばれることになります。

しかし、そもそもおかみさんは協会員ではありません。また相撲界におかみさんと呼ばれる職業もないのです。なんとも心許ない立場の存在ではありますが、しかし相撲部屋の師匠に奥さんがいたとしたら、そのひとはよくわからない立場ではあっても、おかみさんとして「粉骨砕身」の日々を送ることになるのです。

私は「常盤山《ときわやま》部屋」という二〇二四年九月場所で引退した元大関の貴景勝《たかけいしょう》（現 湊川《みなとがわ》親方）や幕内の隆《たか》の勝《しょう》などが所属する相撲部屋でおかみを務めさせて頂いております（二〇二四年現在）。私の夫は、力士時代の四股名《しこな》は「隆三杉《たかみすぎ》」、最高位は元小結で、押し相撲で十二年間近く幕内の土俵を務めさせて頂いた、今は相撲部屋「常盤山部屋」の師匠第十七代常盤山太一親方です。

　夫である常盤山親方が二〇一六年四月にふとした縁から或る相撲部屋を継承する事になり、そこから私のおかみとしての時間もスタートすることになりました。

「千年おかみ」、凄いですよね、立派？　いや、でもこれは千年修業した位の立派なおかみという意味ではありません！　ある日（その時ももう既に何度目かの困難に見舞われていました）親しくさせて頂いているベテラン相撲ライターの女性Sさんから、「ルミコおかみさん程、苦労されているおかみさんは見たことがありません。まるで千年分の相撲部屋の苦労を引き受けているみたい……」

　と云われたことが由来となっています。

　ほんとうに相撲部屋の師匠になってからの夫である常盤山親方（以下親方）には、これでもかこれでもかとノンストップで様々な苦難が襲いかかってきます。まさにこの時も一体何度目の困難に遭遇していたのかさえもさだかではないのですが、私はこの相撲ライターさんの言葉を聞きながら、

「千年なんだ……百年じゃないんだ……百年だと相撲部屋三部屋分だからそれだけじゃ足りないんだ……でも千年分の苦労ってどれだけの苦労なんだよ……」

と可笑《おか》しくなってきて心の中で自分で自分をクスクスと笑っていました。どうしたことか子供の頃から私はあらゆる場面でユーモアの種を見つけて笑ってしまう癖があるのです。

もう一度繰り返します。相撲部屋におけるおかみさんとは身分の保証もない、心許ないよくわからない立場の存在なのです！　よくわからない立場なのですが、大相撲を愛する日本人、また外国の方々からも、男だらけの相撲部屋を陰で支える「大和撫《やまとなで》子《しこ》的な高いパフォーマンス」をガンガン期待される立場であることはどうやら間違いようのない事実のようなのです。

『千年おかみの哲学』とは、千年分の相撲部屋の苦労を引き受けたと云われたエピソードから名付けられたものなのです。

常盤山部屋旅行草津相撲研修道場にて（著者後列中央）

目次

第一章

消滅間際の千賀ノ浦部屋を引き受けて

——終わりの匂い

私には、「無人島に何かひとつだけ持っていけるものがあるとしたら」という質問に即答出来るものがあります。それは手帳とペンです。ふたつじゃないかと云われても、私の中で手帳とペンは切り離すことの出来ないひとつのものですので、ワンセットということでどうかお目こぼしをお願いします。私は何十年も前から年間手帳を愛用していて、小さなスペースの中にその日あった印象的ないくつかのことをメモする習慣があります。そのメモを見れば一年前の今日、三年前の今日、十五年前の今日何をしていたか思い出すことができるのです（特に印象的なことが無かった時は晩ごはんのメニューが書いてあったりもします）。

今回この本を書くにあたりテーブルの上には十一冊もの手帳が積み重ねられました。主に二〇一六年以降の手帳ですが、パラパラとめくって流し読みを始めてみると色々な出来事がありありと思い出されてきて軽いめまいを覚え、一旦ページを閉じて元の位置に戻してからお茶を三杯飲みました。

二〇一六年三月二十七日日曜日、大阪場所千秋楽の夜、親方から東京にいる私に一本の電話がかかってきました。

「千賀ノ浦《ちがのうら》親方（＝元舛田山《ますだやま》関）が四月十日に停年（相撲界ではこのように表記します）を迎えるんだけどオレに千賀ノ浦部屋を継いでもらえないかと頼まれているんだけど……」

話を聞いてみると、継承する親方もおらず他部屋との合併も折り合いがついていないとのことでした。大阪場所中盤に急にその話が持ち込まれて、親方も即答せずとりあえず千秋楽になったら私に話そうと考えていたようでした。

親方は私に「今の千賀ノ浦部屋にいるお相撲さんたちの行き場がなくなっちゃうのは可哀そうだよね」と云いました。

出ました！「可哀そう……」、このあと数年のうちに親方は何度もこの言葉を使うことになります。

「可哀そう」とは弱い立場や逆境にあるものに対して同情し、なんとか救ってやりたいと思うさまをあらわす言葉です。

ここで少し補足させて下さい。親方は一九七六年三月、十五歳の時に「土俵の鬼」と云われた第四十五代横綱初代若乃花《わかのはな》、花田勝治《はなだかつじ》氏の二子山《ふたごやま》部屋で初土俵を踏みました。その後、一九九三年二子山親方の停年に伴い「角界のプリンス」と云われた、親方にとっては兄弟子でもある大関初代貴ノ花《たかのはな》の花田満《みつる》氏が継承した二子山部屋で一九九五年十一月までは関取隆三杉として現役を続け、引退後はそのまま部屋付の親方として二子山部屋で後進の指導に当たっていました。

二子山部屋は二〇〇四年からは一代年寄となった第六十五代横綱の貴乃花光司親方が部屋を継承し、「貴乃花部屋」と名称を変えたあともうちの親方は引き続き第十五代常盤山親方として後進の指導を続けていました。

つまり、二〇一六年三月二十七日私に電話をしていた親方は常盤山親方として貴乃花部屋に所属していたのです。貴乃花親方からの「千賀ノ浦親方はこれからは貴乃花一門を応援してくださるらしいから」との口添えもあり、また私が親方からその電話を受けた時には、千賀ノ浦親方の停年までもう残り二週間となっており悠長にお返事を引きのばす余裕も残されていませんでした。

うちの親方が千賀ノ浦部屋をお引き受けする期間は、前千賀ノ浦親方（＝元舛田山関）が停年を迎えた後、参与としての再雇用契約で協会に残れる最長で五年間までという期限付きで、また継承に伴って交換する事になるうちの「常盤山」という名跡と「千賀ノ浦」の名跡を、必ず五年後には元に戻して頂くことを条件にしてお引き受けすることになりました。

「常盤山」、常盤《ときわ》とは永久不変な岩の事を指し、転じては永久不変そのものをあらわす言葉でもあります。「永遠の山」のように悠久をイメージさせるこの名跡は、親方も私も大変愛着があり大変気に入っておりましたから一時的とはいえ交換することにはかなり抵抗感があったことは確かでした。

相撲界にはいくつかの部屋がグループとなった「一門」というのがあり、「出羽海《でわのうみ》一門」「二所ノ関《にしょのせき》一門」「時津風《ときつかぜ》一門」「高砂《たかさご》一門」「伊勢ヶ濱《いせがはま》一門」、そしてこの頃はまだ「貴乃花一門」という六つの一門がありました。

二〇一六年四月八日、うちの親方がとても珍しい事ですが、一門の垣根を越えて千賀ノ浦部屋を継承することが公に発表されました。私が親方からの電話を受けてから十三日後のことでした。また約束通りその後すぐに千賀ノ浦部屋は出羽海一門から貴乃花一門所属の部屋に変更となりました。

初めて台東区橋場にある千賀ノ浦部屋を訪れた日のことはよく覚えています。それまで阿佐ヶ谷にあった二子山部屋、またのちに中野新橋に部屋を構えた二子山部屋には幾度となくお伺いしたことがありました。特に阿佐ヶ谷の二子山部屋では、関取だった親方と結婚してからは年三回の東京場所の度に部屋にたくさんのお客様をお招きする千秋楽パーティーがあったため、毎回エプロンを着けてのお手伝いでよく通わせて頂きました。千秋楽パーティーには各界の著名な方もたくさんいらしていて、総理大臣になられる前の橋本龍太郎さんに乾杯のビールをお注ぎした時には緊張して手が震えてしまいました。

中野新橋の二子山部屋は、まさに若貴時代の全盛期で優勝パレードの時には何万人もの人が集まりますので部屋の玄関にたどり着くのも一苦労で、玄関から中に入るのも警備をされている警察官の方に自分の身元を説明して入れてもらうという状態でした。ある弟弟子の関取の奥さんが、警察官にファンと間違われてなかなか部屋の中に入れてもらえなかったというハプニングも起こるくらいでした。

その日初めて訪れた千賀ノ浦部屋は静かな朝稽古の最中でした。十人位いた力士の中では元幕内力士の舛ノ山《ますのやま》関など怪我を抱えている力士も多く、その朝、稽古場に下りていた力士は五人程だった記憶があります。今までのそれぞれの二子山部屋での壮絶な猛稽古が相撲の稽古だとイメージしていた私にとって、千賀ノ浦部屋でのとても静かな稽古風景は不思議な違和感を感じたことを覚えています。稽古場の立派な上がり座敷の端の方で正座をして見ていると、取り組む前の仕切りの最中に何度も二人の力士がタオル掛けにかかった自分のタオルを取りに行き静かに汗をぬぐいまた仕切りを繰り返して、そのあとサッと一番相撲を取る姿には相撲特有の「荒ぶる」や「猛々《たけだけ》しさ」は全く感じられず稽古は静かに淡々と進んでゆきました。

正座をしてその静かな稽古風景を眺めているとふとある言葉が浮かんできました。それは「終わり」という言葉でした。この稽古場を支配している空気にはどこか終わりの匂いが漂っている……。

後日何人もの力士から「部屋がどこかの部屋に合併することになったら、ほとんどの力士がもう辞めようと思っていた」と聞かされました。「自分らのためにこの部屋に来てくれてありがとうございます」とも云われました。

親方が云った「お相撲さんたちの行き場（＝居場所）がなくなっちゃうのは可哀そうだよね」という言葉が思い出されました。

親方を見ていて思うことがあります。「この人は全てのお相撲さんに自分の修業時代の姿を重ね合わせているのだな」と。ひとりひとりの力士は全部修業時代の自分なのですから、他人事になど出来るわけがありません。親方のその感覚はもう〈共感力〉を超えて《同一力》とでも云った方が近いのかもしれません。

また親方はこのあとの数年間で何度も「可哀そうだ」と涙を流すことになるのですが、それもまたこの《同一力》という言葉で考えれば理解できるのです。

その日初めて見た静かな朝稽古の中に、一人だけ力士として理想的な体格を持った色白で眉毛の太い、いぶし銀のような力士がいました。四股、すり足、てっぽうが相撲教習所の見本のように美しいのです（行ったことはありませんが）。

眉毛の太い、いぶし銀、「ベテラン」「苦労人」「三十一歳」という言葉が頭に浮かびました。それがのちの隆の勝（この時は舛ノ勝）、いぶし銀だと思っていたらまだ二十一歳の若者でした。

稽古が終わってちゃんこの時、前日に名前と顔は覚えて行ったつもりでしたが、メガネをかけている力士が二人いて（前日の予習写真では一人だけだったのです）、二人の名前を取り違えて呼んでしまいましたが、おおむね顔を合わせてきちんと自己紹介をすることが出来ました。あまりよく知らないよそから来た親方と、初めて会う女性、お相撲さんたちの目の奥に「どんな大人なんだろう？」という色が浮かんでいたのを私は見逃しませんでした。

だいたい一般的にも若者が見知らぬ大人に最初に出会った時には警戒の意味を込めて、その色を浮かべる事は全く正しい反応なのです。

若者たちの「どんな大人なんだろう？」という問いかけには私はいつも「誠実な大人でありたい」と思っています。親方の《同一力》ではありませんが、私もまだ何者でもなかった若者だった自分が目の前に現れてそう問いかけたら、そう答えられる自分でありたいと思っているからです。私の考える《誠実》は特にレベルの高い難しい事ではありません。ただ、真面目に自らの行為に責任を持って真心を込め続ける事が《誠実》だと私は思うのです。

さて、閉鎖間際でほとんどの力士がもう相撲を辞めることを決意していた相撲部屋で、まがりなりにもよく知らない女性を「おかみさん」と呼んでくれる弟子たちのために私が最初に取り組んだのは、ベタではありますが弟子たちのトイレ掃除でした。

特注の陶器の大きな洋式便器はかなり年季が入ったもの、タイル床の上の小さな敷物はいつからここにあったんだろうと思われるもの、圧巻はくもり切ったステンレス製の四方の壁面に、岩塩と見まごうばかりの尿石がゴツゴツとへばりついていました。

朝からジャージに着替えて何時間もステンレスを傷つけないスポンジたわしを何個も何個も取り替えながら一心不乱に岩塩尿石と格闘しました。一階の稽古場から二階の力士用トイレに上がってきたある弟子からは「おかみさん何してるんですか?」と聞かれ「健康祈願のトイレ掃除だよ」と答えると「恥ずかしいです」と云われ、ふとジャージ姿で男子トイレに入っている自分に立ち帰り一瞬躊躇《ちゅうちょ》はしましたが、恥ずかしさよりもピカピカにしたい気持ちが勝って再び一心不乱に岩塩尿石と格闘しました。

そしてちょうど朝稽古が終わる頃、力士用トイレの二つの個室は開けた窓から入る風も爽やかなピカピカのトイレになっていました。買って来た芳香剤と真新しいトイレマットをそっと床に敷いて「怪我をしている力士が多いから怪我や病気が少ないように願う」健康祈願トイレの完成です。

「ちゃんこの準備出来ましたー！」と呼ばれて一階のちゃんこ場に下りてちゃんこの卓を囲むために座布団に座ったとたん、私の身体に異変が起きました。モーレツな寒気と吐気がするのです。あきらかに体内に何かが侵入した気配がします。コロナ禍の前でしたのでマスクをするという習慣がなく、ノーマスクで岩塩尿石と格闘したのでその中に閉じ込められていたなんらかの菌を吸い込んでしまったのかもしれません。その後、約一ヶ月に亘《わた》って大量の鼻水と痰《たん》と微熱が襲いかかってきました。しかし何事にもポジティヴ思考のためか、怪我を招くような悪い気を今、私の身体の中に閉じ込めて浄化するように燃やし尽くして闘っているのだと勝手にイメージしていました。

親方は部屋での稽古の様子を見ていてこのままではいけないと思ったようで、徐々に稽古量を増やしてゆきました。その頃の親方の口癖は「一人でも多く相撲でメシが食える人間を育てたい」でした。部屋の中で今までのような稽古を繰り返していただけではいつまでたっても関取にはなれないと、親方自ら運転して連れてゆくからと出稽古に行きたい者をつのりました。誰も手を挙げない中、一人だけ手を挙げた力士がいました。そうです、眉毛の太い二十一歳のいぶし銀、のちの隆の勝でした（以下隆の勝）。

部屋での通常稽古は前の親方に見て頂き、隆の勝を車に乗せて幕張にある阿武松《おうのまつ》部屋（師匠は元益荒雄《ますらお》関）、清澄白河にある錣山《しころやま》部屋（師匠は元寺尾《てらお》関）、大嶽《おおたけ》部屋（師匠は元大竜《だいりゅう》関）そして中野新橋から江東区に移転した貴乃花部屋にも出稽古に行かせて頂きました。

その成果には目を見張るものがありました。隆の勝は十五歳で大相撲の世界に入門し、番付の序ノ口から始まって序二段、三段目、十七歳の時にはお給料がもらえる関取以外の地位の中では一番上の幕下という地位に上がっています。これは相撲界ではとても早い出世となります。しかし十七歳で幕下に上がった後になかなか関取の坂を上がりきれず幕下での足踏みが続き、先ほどお話ししたように親方が部屋を引き受けた時には二十一歳になっていました。なんと四年間もお給料がもらえるようになる関取の一歩手前の地位での足踏みが続いていたのです。

くる日もくる日も早朝まだ明け切らない暗いうちから、親方自ら運転する車に隆の勝を乗せての出稽古が繰り返されました。

「オレは絶対アイツを関取に上げてやる。それがオレの責任だ」「アイツには欲がない、それが問題だ」と師匠は云いました。私はふと心の中で「欲というよりは欲を持つ以前の段階、彼には自信がないんだ」と思っていました。

その頃の隆の勝の口癖は「自分なんか〜」「自分目立ちたくないんで〜」「後ろでいいです」。イカン。これでは絶対に関取になれるわけがありません。序章でお伝えしたように協会員でもなくよくわからない立場の私が、相撲について語れるような事は全くありません。一ミリもないのです。でも、メンタルについては「目指せ誠実な大人」ですから少しは語ってあげることが出来るのです。

今の時代のコミュニケーションには大変便利なものがあります。メールです。親方と私はパソコンも持たずＬＩＮＥ？　もしておりません。私は携帯電話を持ち始めたのも遅くアナログな生き方をしてきましたので、今この原稿もＡ４サイズの白い紙にお気に入りの〇・七ミリのペンで手書きしています。無人島に持って行きたいものが手帳とペンというアナログおかみであり、決してデジタルを使えるハイパーおかみさんの足元にも及ばない存在です。その私でもメールを書くことは出来ます（私の中でメール＝短いお手紙なので打つではなく書くなのです）。

最初は怖《おそ》る怖る、「返信無くて大丈夫だからね」メールを隆の勝に送りました。忘れもしません二〇一六年十一月十四日です。何故こんなに印象的かというと、この日は月と地球の距離が六十八年ぶりの近さになるウルトラスーパームーンと呼ばれる特別な満月の日だったからです。そしてその時は全く知らなかったのですが、不思議なことにその日は隆の勝の二十二歳の誕生日でもあったのです。自分で撮ったウルトラスーパームーンの写真を添付して、自己最高位の東幕下六枚目でむかえた場所前、必死に出稽古に行ったのに場所直前に風邪をひいて高熱が出て、場所の初日から五連敗の黒星が続いていることを励ますようなメールだったと思います（幕下以下は一場所七番の取組なのですでに負け越していました）。絶対に「ウザいなぁ」と思われているんだろうと思っていたので、メールの枕言葉に「キモ熱《あつ》メールだと思いますが」と一言書き添えました。そこから少しずつメールのやりとりが始まりました。今でも何人かの弟子に場所中メールを送ることが続いています。隆の勝とのメールのやりとりが始まった最初の方、年が明けた二〇一七年の一月初場所の前に、私はどうしても隆の勝に口に（メールでも）出してほしい言葉があって一通のメールを送りました。

「私は親方が現役の時からずっと近くで横綱や大関、たくさんの関取になった力士たちを見て接してきました。そのひとたちの全てにひとつ共通することがあります。それは早いうちから自分は必ず関取になると口にすることです。のぶさん（隆の勝の下の名前は伸明《のぶあき》なのでそう呼んでいました）は、まだそれを口に出していません。関取になるとはっきり云ってくれますか？」

少し時間があって返信が来ました。

「はい！　絶対に関取になります。」

この初場所から隆の勝は五場所連続で勝ち越し続けて、二〇一七年九月場所六勝一敗の見事な成績で新十両として関取の座をつかみ取ることが出来ました。


関取昇進の御礼で出稽古を快く受け入れて下さった各お部屋に隆の勝を連れて師匠と一緒にご挨拶に伺いました。阿武松部屋では阿武松親方（元益荒雄関）からこんなお言葉をお聞きすることが出来ました。

「親方良かったですねえ。しかし親方はえらい！　最初隆の勝を連れて来た時、なかなかうちの上の力士に勝てなくて隆の勝が後ろの方に下がろうとした時、のぶ、前に出ろ！　前に出て相撲を取れ！　と云って根気強く隆の勝に相撲を取らせて、それから段々勝てるようになってきて自信がついてきて……」

お祝いにと豪華なお鮨まで取って下さって、素晴らしいシャンパンまで開けて下さり、阿武松親方もおかみさんもまるで自分の部屋のことのように親身になって本当に

温かく喜んで下さいました。

いつの頃からでしょうか、よくはっきりとは思い出せないのですが、私は誕生日の力士にはバースデーポチ袋を、また引退する力士には卒業レターを書くようになりました。誕生日がポチ袋になったのは親方のアイディアです。「ケーキとか着るもんじゃないだろう。自分の好きなものが買える薄くて軽いもんの方がみんな喜ぶだろ。ガハハッ」と親方が云うのでポチ袋になったのです。名前だけ書いてそのまま渡すのも躊躇しましたのでポチ袋にひと言メッセージを書いてから渡すようになったのです。

またなにより本当は一番そばにいて一緒にお

祝いをしたいであろう弟子たちの親御さんのことも考えて、ひと言メッセージはその弟子の近況を書いて、また部屋の公式のＳＮＳには、そのバースデーポチ袋と誕生日当日に親方と誕生日の弟子のツーショットを撮ってそれをアップしてもらうようになったのです。今は修業中の身で相撲部屋で生活しているので離れ離れでも、息子さんの◯歳の誕生日、◯歳の誕生日の姿を手元において見て頂けるようにしたのです。お母様たちはもれなく自分の息子の最初の最初の一番の大ファンですから、かなりの高確率で号泣＋ハートマークいっぱいの返信メールを私に返して来てくれます。

卒業レターは便箋に二枚位のものです（写真は二〇二二年の春に卒業した今は大阪でちゃんこ居酒屋を経営している元弟子の太一山《たいちやま》にあてたものです）。

卒業レターを書くようになった理由は、力士はいつか必ず引退する日がやってきます。関取になれた力士は引退会見を開いてこれまでの相撲人生を振り返り、引退する理由を今まで応援して下さった方々にお伝えする機会があります。でも関取になれずに引退してゆく力士たちの方が圧倒的に多いのに、彼らは公に相撲人生も振り返れず辞める理由もよく説明できないままひっそりと相撲界を引退してゆくことになります。

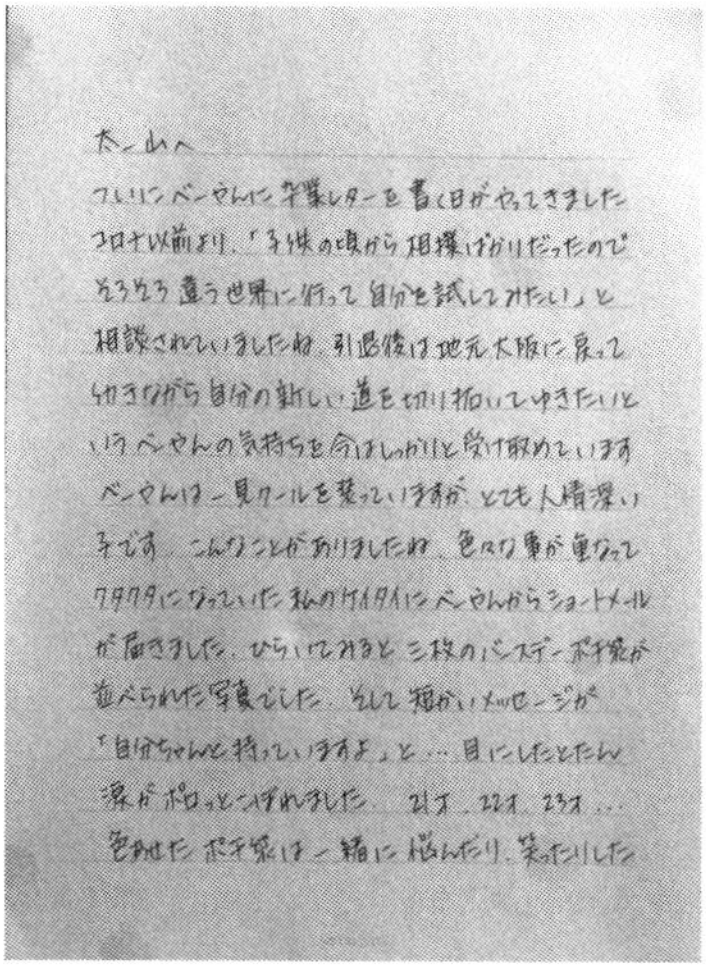

太一山へ
ついにベーやんに卒業レターを書く日がやってきました
コロナ以前より「子供の頃から相撲ばかりだったので
そろそろ違う世界に行って自分を試してみたい」と
相談されていましたね 引退後は地元大阪に戻って
働きながら自分の新しい道を切り拓いてゆきたいと
いうベーやんの気持ちを今はしっかりと受け取めています
ベーやんは一見クールを装っていますが とても人情深い
子です こんなことがありましたね 色々な事が重なって
クタクタになっていた私のケイタイにベーやんからショートメール
が届きました ひらいてみると三枚のバースデーポチ袋が
並べられた写真でした そして短かいメッセージが
「自分ちゃんと持っていますよ」と… 目にしたとたん
涙がポロッとこぼれました 21才 22才 23才…
色あせたポチ袋は一緒に悩んだり 笑ったりした

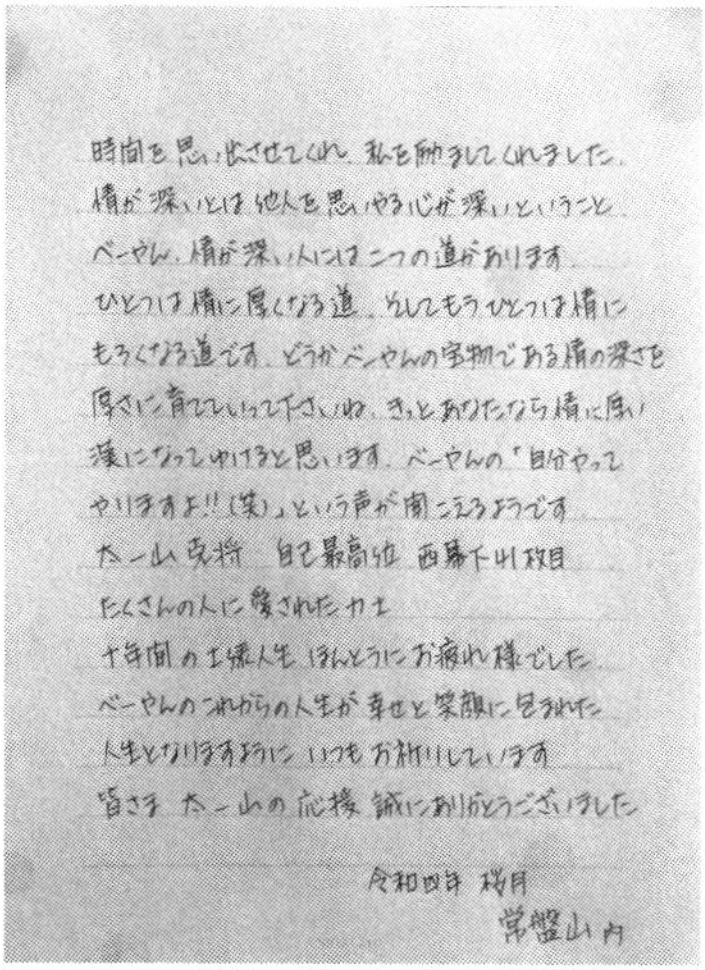

時間を思い出させてくれ 私を励ましてくれました
情が深いとは他人を思いやる心が深いということ
ベーやん 情が深い人には二つの道があります
ひとつは情に厚くなる道 そしてもうひとつは情に
もろくなる道です どうかベーやんの宝物である情の深さを
厚さに育てていって下さいね きっとあなたなら情に厚い
漢になってゆけると思います ベーやんの「自分やって
やりますよ!!(笑)」という声が聞こえるようです
太一山 亮将 自己最高位 西幕下41枚目
たくさんの人に愛された力士
十年間の土俵人生 ほんとうにお疲れ様でした
ベーやんのこれからの人生が幸せと笑顔に包まれた
人生となりますように いつも お祈りしています
皆さま 太一山の応援 誠にありがとうございました

令和四年 桜月
常盤山 内

そんな彼らに私なりのスポットライトをあててあげたいという思いからでした。関取になれなかったとしても厳しい修業に耐え、毎日歯をくいしばって猛稽古に耐えてきた力の武士＝力士たちなのです。

その弟子がどんな子だったのか、また相撲を辞めてこれから何をしようとしているのかを手紙に書いてSNSにアップし、卒業の日にその手紙を本人に手渡すのです。

相撲界を離れて一般社会の中のどこかでまた新しい仕事をしながら、同僚とごはんを食べるために食堂に入ります。その時その食堂のかたすみのテレビでは相撲中継が流れています。その相撲中継からふっと目をそらすのではなく「自分この世界にいたんですよ！」と同僚に胸をはって云ってもらいたい。ある一時期人生をかけて取り組んだ相撲が一ミリのコンプレックスにもなってほしくない。胸を張って堂々と大相撲の力士であったことに誇りを持ち続けてほしい、その思いからでした。

「あなたは素晴らしかった！　よくやりました！　よく頑張りました‼」と褒めちぎって次の世界に送り出してあげたかったからです。

六十四歳の若さで天国へ旅立った私の母は、とにかく私たち二人姉妹を褒めて褒めて育ててくれました。一日に一回以上何か良いところを見つけて褒めてくれるのです。特に何もない時でも「ルミコの笑顔は百万ドルだねー！」とか「ルミコだったら出来るよ！」と繰り返し云ってくれるのです。しかし躾《しつけ》に対してもとても厳しい母でしたので、特にお客様がいらしている時、まだ子供の姉妹が調子に乗って失礼な事をしてしまったりすると、小さな声で「あとでね」と云って、お客様が帰ったあと正座をさせられてコンコンと何がいけなかったのかをお説教されました。姉はすぐに「ゴメンなさい、ゴメンなさい」と泣くものですから母のお説教の度合いも緩むのですが、幼稚園児の私は納得できないことを母に質問したり、反論したりするものですから更にお説教の時間が延びてゆくのです。一時間以上も……。

お説教が終わると決まって二つ上の姉は私にこう云うのです。「ルミちゃんもゴメンなさいってすぐ云ったら早く終わるのに……」。どうしたことか私は子供の頃から納得出来ないと思うことをそのままにして通り過ぎたことがない子供だったのです。

来る日も来る日も泥だらけ砂まみれ息も絶え絶えの猛稽古が朝から稽古場で繰り返

されます。一五〇キロを超える屈強な男たちが至近距離で頭同士で激しくぶつかり合うのですから生傷も絶えません。頭同士でぶつかり合うゴスッまたゴスンという音は一度聞いたら決して耳から離れません。人間の身体から出る音の範疇《はんちゅう》を軽く超えている、いえ人間の身体からは出てはいけない危機を感じる音だからです。毎日三〜四時間のそんな朝稽古が終わると全ての屈強な男たちはみな荒行から戻った修験者のような顔になっています。

荒行＝僧や山伏などが激しく苦しみに耐えて行う修行。

まさにその通り。力の武士＝力士にとっての稽古こそがまさに荒行なのです。日々の荒行に耐え生命を削って生命を賭《と》して本場所の土俵に上がっているのですから、弟子でありながらも私の目からはもう立派な武士や若武者にしか見えないのです。縁あって一時尊い存在をお守りさせて頂いている、いつもそう思って私は力士たちに接しています。

親方は毎日毎日稽古場で力士ひとりひとりのそんな姿を厳しく凝視し続け、時に短く適確なアドバイスをしています。

「稽古は厳しく日常生活は思いやりの心を持って和気あいあいと」は親方のモットーです。

コロナ禍以前の頃は部屋があった台東区橋場は浅草に近いので本場所前の「決起会」の意味も込めてよく「カラオケもんじゃ会」というのをやりました。

行きつけのもんじゃ屋さんでお肉やシーフード、お好み焼き、焼きそば、もんじゃを鉄板でジュウジュウ焼いておなか一杯食べ、近くの二十人位入れるカラオケボックスに繰り出して、一位の賞金を目指して全員で点数を競い合うのです。もちろん師匠も参加します。師匠は五木ひろしさんの大ファンで「角界の五木ひろし」とも呼ばれ過去にレコード（CDではなくレコードです）も何枚か出した程の歌自慢です。

若い力士たちは私が初めて聴く最新の歌を熱唱してくれます。初めて聴く今時の歌はみな新鮮で、私は順位付けのチェックシートに歌った力士名と曲名と点数を書きつけながら後日何度もそこに書かれた曲を聴き直してしみじみと感心していました。特に印象的だったのは隆の勝が歌ったバンプ・オブ・チキン（元歌はザ・ピロウズ）の『ハイブリッドレインボウ』という曲です。この曲は全てが素晴らしいのですが、特に歌詞が心に突き刺さります。今でもこの曲を聴くとその頃の景色や匂いなどがありありと思い浮かび上がってきます。一度は閉鎖になったら辞めてしまおうと思っていた関取もいなくなった相撲部屋のお相撲さんたちを、なんとかひとつにしようと励まし続けたあの時間を……。

第一回のカラオケ大会の優勝者はなんと九十八点を叩き出して親方がアニメソング『タイガーマスク』で優勝してしまいましたので、親方が出した賞金を自ら回収するわけにもいかず賞金は第二回大会に持ち越されることとなりました。

カラオケ大会の真の目的は「弟子ひとりひとりを見る」ことにありました。云いかえれば「弟子ひとりひとりを知る」ということにもなります。例えば関取がいたとしても関取とその他大勢の若い衆ではあってはいけないのです。親方と私の目から見て弟子たちは全て平等な存在でなければなりません。相撲部屋では強くて出世の早い子もいれば、なかなか強くなれずに上にあがれない子もいます。その子たちを分けへだてすることなく、いじけたりすねたりすることがないようにいつも気をつけていなければなりません。自分たちが若者だった頃を思い出してみればわかるように、若者というのは全てにおいて「見る」「聴く」「嗅ぐ」「味わう」「触れる」の《五感》が大変敏感なのです。そして心で「感じる」ことやその「記憶」ですらも……、一番大切なことは「見ている」ということです。見守るということは相手の存在を忘れずに意識して見続けているということなのです。

表情や身体の変化、ちょっとしたエピソードをよく覚えていて例えば「〇〇くんはパクチー苦手だったもんね」と話しかけると、「いやおかみさん、もう食べれるようになりました」と目をキラッとさせて答えてくれます。「えーっ大人になったねぇ」と笑い合う。そんなささやかなことでもいいのです。「相手を見る事、知る事、そして小さな事でもよいからよく覚えていること」を私は大切にしてきました。「おつかれさま」と手渡される缶コーヒーや「よくがんばったね、これごほうびだよ」という言葉とともにもらったいい香りの消しゴムなどは、無言でポイと渡されるそれとは別物なのです。嬉しさの原因はそれが無料、タダでもらえたからだけではありません。この嬉しさの本質は《誰かが自分を認めてくれ、褒めてくれた》事にあります。褒める、褒めるってやっぱりいい気持ちなんです。

先程お話ししたように私の母は躾にも厳しいひとでしたが、ひとを褒めることもとても上手なひとでした。現代社会ではＳＮＳ（ソーシャル・ネットワーキング・サービス）の発達とともに相手を一方的に否定したり批判したり、さらには誹謗《ひぼう》中傷したりを平気で繰り返す顔の見えない人たちがいます。そんな人たちがいくらこれは批評ですよと勝手に云っても、云われた人間がそれを悪口だと感じたらそれは完全に悪口、誹謗中傷なのです。顔を隠した人間にはそもそもその事をジャッジする権利なんか無いのです。

これらの行為とは正反対の「他者を褒めることができる」という行為は努力を要し、自分の心を修める力がなければ実行することは出来ません。「修める」とは行いや人格を正しくする、心や行動が乱れないように整えるということです。

自分の人生を大いに棚に上げて一方的に他者を否定、批判さらに誹謗中傷を繰り返す人たちは決して自分の心を修めているとはいえないでしょう。私にはそういう人たちが、〈自分で自分の人格をおとしめている人〉たちのようにしか見えません。

現代社会においては心から褒めてもらえる、ゆっくりとしっかりと褒めてもらえることは本当に少なくなってきています。利害関係のある人への〈おべっか〉や〈お世辞〉。子供に対しての不自然な〈ご機嫌伺い〉は決して褒めているのではありません。母は大人になった私にとても大切なことを残してくれました。それは「褒める心に邪念があってはいけない」「褒める心には一点のくもりもあってはならない」ということでした。

――人間は誰かが、誰かひとりでも自分をしっかり見ていてくれていると思うだけで本当に力が湧いてくるものなのです――

私は私のことを適確にそして無心の笑顔で褒めてくれた最愛の母に、今も日々色褪せることのない感謝の心を持ち続けています。

「はい！　絶対に関取になります」と云ってくれた日から隆の勝は五場所連続で勝ち越しました。二〇一七年初場所東幕下十五枚目五勝二敗、三月場所東幕下八枚目四勝三敗、五月場所西幕下六枚目四勝三敗、七月場所東幕下五枚目四勝三敗、そして九月場所東幕下三枚目六勝一敗の文句の無い高い成績をおさめて隆の勝は場所後の番付編成会議でついに新十両昇進を決めることが出来ました。十両力士は一三〇〇万円を超える年収があると云われていて、隆の勝はまさに親方が口にする「相撲でメシが食える関取」になったのです。

関取の一歩手前で四年近くも足踏みを続けていて「自分なんか〜」「自分目立ちたくないんで〜」「後ろでいいです」が口癖だった隆の勝が本人の努力はもちろんのこと、「土俵の鬼」横綱初代若乃花を師に持つ親方の猛稽古の力でその実力が開花した瞬間でした。親方と一緒に並んだ隆の勝がたくさんのフラッシュを浴びてテレビの中で堂々と新十両関取昇進のインタビューを受けている姿を、私も胸が一杯で涙目になりながら見つめていました。

「おかみさんの言葉、力もらえるんで」、そう云ってくれた隆の勝。かなりの確率で短いエッセイ位の分量になってしまう「キモ熱《あつ》メール」を「キモくないです！　有り難いです」と云ってくれた隆の勝。隆の勝はその後順調に番付を上げ、新十両昇進から一年後の二〇一八年九月場所には見事新入幕、幕内昇進を果たしてくれました。

二〇一八年九月十四日、九月場所が始まって六日目の夕方、私は台東区橋場の部屋で幕内力士だけが夏期に場所入りする時に着用することのできる、後ろ身頃全面に五爪の昇り龍が描かれた隆の勝の「染め抜き」という着物の裾を整えていました。

自分の部屋に向かおうとするその日の取組を終えて帰ってきた隆の勝が、私がいた大部屋の前の廊下を通りがかりました。私が「おつかれさま」と声をかけると隆の勝がほんとうにマンガのピンッとひらめいたような顔をしました。「ちょっと待ってください」と云われて私が廊下に出ると、うす暗くなってきた長い廊下を隆の勝が自分の部屋に小走っていくのが見えました。今でもその時の廊下の景色を時々思い出します。時刻はまさにマジックアワーを迎えた頃で長い廊下は紫がかった撫子色のような淡い光に包まれていました。ほどなく若きいぶし銀、いえ隆の勝がとてつもなく大きな子犬のように真っすぐにこちらに小走ってくるのが見えました。その姿はドンドン大きさを増し、私の目の前で少し息をはずませながらピタリと止まりました。

「これ」と云って差し出されたものをみた瞬間、私の目から涙が飛び出してきました。

それは一本の懸賞でした。

「幕内でもらった初めての懸賞はおかみさんに渡そうと決めてたんで!!」

この日、隆の勝は新入幕で初めて受け取ったたった一本だけの懸賞を、土俵上で勝ち名乗りを受けながら手刀を切って受け取っていました。忘れもしません、宮城野部屋の石浦《いしうら》関に勝った一番でした。大相撲中継でよくごらんになるように横綱や大関、人気力士にはたくさんの懸賞金が付きます。しかし幕内の取組の全てに懸賞金が付くわけではなく九月場所が始まって六日目、三勝目をあげたこの日、一本だけその取組にかかっていた初めての懸賞金を新入幕の隆の勝は手にしたのです。

マジックアワーの中で手渡されたそれを両手で胸の前に掲げたまま涙が止まらなくなりました。一人の若武者が稽古という荒行を繰り返し、一歩足を滑らせたら崖下の険しく切り立った山を昇り続けてようやく手折った、相撲人生の中でたった一本しか咲いていない真っ白な花が両手のひらの上にありました。

尊いものを頂いた……なんと言葉を返せたのかもよく覚えていません。ただただ熱い涙がとめどなく溢《あふ》れてきたことだけを覚えています。

ふとした縁から相撲部屋を引き受けることになって、いつのまにか二年半の時が過ぎていました。

第二章

貴乃花部屋消滅に伴い、貴乃花氏の弟子を引き受けて

――どの子も我が子

相撲部屋の師匠とおかみになって二年半が過ぎた二〇一八年九月二十五日、その日その電話はかかってきました。

九月場所が千秋楽を迎えた翌々日で親方と私は遅めの朝食を食べ終えて、午前中に相撲部屋になりそうな物件の下見の予約が入っていました。

続きを書く前に少し時をさかのぼる必要があります。二〇一六年四月に親方が消滅間際だった千賀ノ浦部屋を引き受けてから隆の勝を関取として育て上げたり、部屋の様々な事に全力で取り組んでいた二年半の間にも貴乃花一門としては色々なことがありました。

二〇一七年秋巡業中に起きたとされる「いわゆる日馬富士《はるまふじ》関による貴乃花部屋の貴《たか》ノ岩《のいわ》に対する暴力問題」。この時はすでにうちの親方は貴乃花部屋を離れてから一年半以上の時間が経っており、その間全く別々の部屋の運営に注力していた為、その暴力問題の内容についても何人かの人伝てに聞かされたり、またマスコミを通じて知る程度で確たる具体的な事実についてはうちの親方は知る由のない立場でした。

相撲部屋の運営というのは、まさに待ったなしの出来事の連続で、片付けても片付けてもまたやらなければならないことが山積みになっている日常の繰り返し。まさに忙殺されてしまうような日々を送っていたのです。さらにこの秋巡業の暴力問題以降、マスコミの報道合戦はさらに過熱してゆき、貴乃花一門の親方衆も意図するしないにかかわらず、皆んなその渦中に巻き込まれてゆきました。年末から年明けまでに何回かの一門会議が開かれました。が、しかし不思議なことに会議をしている場所には会議が終わる頃にはもうたくさんの記者たちが詰めかけていました。貴乃花一門の他の親方衆から頼まれて、うちの親方が理事選挙の直前の二〇一八年一月三十日には神楽坂のお店を、選挙前日の二月一日には浅草のお店を手配したこともありました。そのどちらのお店の周りにも信じられないくらい大勢のマスコミが詰めかけてきて、それは一種歯止めのきかない騒乱の様相を呈するほどでした。

二月二日の理事選では貴乃花一門からは阿武松親方が理事として選出されました。一時は「貴乃花一門」と呼ばれ、同じ場所にいたはずの人間たちの間でも、いつのまにか長い時間をかけて蓄積されていった埋めようのないズレや違和感がもう新しい形を求め始めていたのかもしれません。

四月十一日私は朝から台所に立ち、無心にいくつもの料理を作り続けていました。その日が貴乃花一門会最後の日になるとも知らずに……。

外で会合を開くとすぐにマスコミが追いかけてくる状態でしたので、親方が思案して都内にあるうちの本宅で会合が開かれることになりました。この間もずっと親方は形が変わることになったとしてもなんとか良い形で一門の関係が続けてゆけるようにと願っておりました。

私は料理を作り終えて午後三時に皆さまをお迎えした後、違う階の別室で話し合いが終わるまで控えておりました。当日お越しになったのは、貴乃花親方が二〇一〇年二月の理事選で初めて理事に選出された時に投票した親方衆のうちまだ相撲界に親方として残っていた大嶽親方、阿武松親方、そしてうちの親方の三名に阿武松部屋付きの親方二名と貴乃花親方の計六名となりました。

部屋に全員が揃って話し合いが始まり、私が別室に控えていると三分もたたないうちに階段を下りる足音が聞こえ玄関ドアの閉まる音が聞こえました。それでも静かに待っていますと、親方から「上がってきていいよ」とメールがきました。私は怖る怖るリビングのある二階に上がってゆきました。

　何が起きたのかさっぱりわかりませんでした。リビングに入るとここにもまた唐突な終わりの匂いがたちこめていました。次に何かを話す力を削《そ》がれたようにしんと静かになった部屋で、カウンターに山のように並べられた料理を私がぼうっと立ちすくんで見ていると、うちの親方が「食べるよ」と云い「みなさんも食べていって下さいよ」と他の親方衆にも声を掛けてくれました。私は料理のシメに出そうと思っていたちゃんこ鍋に入れる肉団子のタネが大量に冷蔵庫の中にあることをぼうっと思い出していました。お食事をする気分ではなかったと思うのですが、さすがに気の毒に思って下さったのか残っていた四人の親方たちはハッとして「食べます」「食べますよ」と口々に云って下さいました。

　皆さまがお食事を終えてお帰りになって後片付けが終わったあと、親方が三分間の事を話してくれました。いや本当は三分間にも満たなかったのかもしれません。席に着いてすぐに貴乃花親方は「自分は一兵卒ですので一門の総帥は辞退します」というようなことを語られて質疑応答の間もなくすぐに席を立って帰られたということでした。

それが貴乃花一門の最後の会合となりました。

食というのは全ての人間にとって欠くべからざる大切なものです。まして相撲部屋において血のつながりもない赤の他人同士がひとつの卓、ひとつの鍋から分け合って何かを「共に食べる」ということは一般社会の他人同士の会食とは比にならないくらい大切な事なのです。相撲界の人間がちゃんこを囲むということは、単に食事をするというよりもなにか儀式のように大切なものであるという認識が私にはありましたから、食べる食べないにかかわらず相撲界に関わる人々をおもてなしする時にお食事を用意しないという選択肢は私の中にはありませんでした。

また少し母の思い出話をさせて下さい。

私の母は大変料理をするのが好きでとても料理上手なひとでした。特にひとのために料理を作るのが大好きで、私たち家族はもちろんたくさんのひとに料理を作っては振る舞っていました。私が子供の頃のある夏の日などは住宅街にある家の前で道路工事をしていたひとたちに母が冷たい麦茶を持って行ってあげたのですが、それだけでは母の中でなにか物足りなかったのか休憩中に日陰で休んでいるひとたちに今度は軽食の焼きそばをササッと作って持って行って「美味しい」「美味しい」と喜んでもらっていました。そんな時母は「こんなに暑い中、大変なお仕事だからね」と云っていました。

親方は今でも私の母が作った料理をよく覚えていて「がめ煮（筑前煮のこと）、手羽先としいたけの煮物、牛すじと大根煮、ニンニクたっぷりの鶏の唐揚げ、親方の大好物のレンコンの天ぷらと生タコの唐揚げ、地鶏の炊き込みご飯、ウニのフグ刺し巻き、かつとじ（とんかつとうどんと豆腐を卵でとじたもの）、おでんにステーキ……」と色々思い出すのですが、でも実はこれは親方が関取だった時、私の実家に泊まりに来た時の朝と晩二回の食事の中で全て出来たてで出されたものでした。

そんな母に育てられた私も母の足元にも及びませんが、ひとが集うところでは必ず料理を作ってお出しするという習わしのようなものが身についています。食べてくれるひとの顔を思い浮かべながら楽しんで料理を作り、実際に出来上がったその料理を食べてくれたひとが見せてくれる笑顔を目のあたりにすると、何ものにも代えがたいとても幸せな気持ちになれます。

今でもあの最後の一門会の時に少しでも皆でお酒をくみ交わし、たった一言でも貴乃花親方が先輩親方たちが八年間もの長い時間、自分を支えてくれたことの労を少しでもねぎらう場面などがあったならばまたなにかが変わっていたのかもしれないなどと、もう考えても仕様のない事をふと考えたりします。

最後の一門会の事がマスコミに出たのは一週間後のことでしたから、親方の願ったマスコミに追われる事のない静かな一門会はとりあえず成功したのかもしれません。

五月、六月は弟子たちの入院や手術や転院などがバラバラと続き、その手続きや段取りなどをしているうちにあっという間に過ぎてゆきました。

一門がなくなり七月場所が終わる頃になると全員が既にある五つの一門のいずれかに所属するということになり、親方は元々いた二所ノ関一門への復帰を希望し、二所ノ関一門の何人もの親方のご尽力もあり一門への復帰を了承して頂く事が出来ました。しかしその時にうちの台東区橋場の相撲部屋の宿舎としてのあり方を是正することが求められました。

その宿舎は前の千賀ノ浦親方（舛田氏）の持ちものであり、うちの親方が協会から各相撲部屋に支給される補助金の中から前の親方に毎月の家賃をお支払いしてお借りしている賃貸物件でした。宿舎の三階には参与として協会に残っている前の親方がご家族とずっと居住を続けており、うちの親方はその建物二階にある関取用の個室に一人で住んでいるという不自然な状態が続けられていました。また宿舎には女性専用のトイレやお風呂も無く力士専用しかありませんから、私もほどなくして近くにワンルームマンションを借りてそこから部屋に通うようになっていました。協会の補助金で維持する相撲部屋は基本的に現師匠と弟子が住む場所であり第三者が同居している事は望ましくないとの判断がされました。ちょうど私も仕方なく親方との別居がずっと続いていたことへの不便さと不自然さを徐々に感じ始めていた頃でした。

前の親方とご家族はこのままその建物での居住を続けるという判断でしたので、親方と私が相撲部屋に出来る物件を新しく探す事になりました。それで冒頭のように物件の下見の予約が入っていたのです。話が長くなってしまいましたが、話をもう一度冒頭に戻します。

二〇一八年九月二十五日、その日その電話はかかってきました。九月場所が千秋楽を迎えた翌々日で親方と私は遅めの朝食を食べ終えて、午前中に相撲部屋になりそうな物件の下見の予約が入っていました。二人でソファに座っていると親方の携帯電話が鳴りました。

「あっ、親方お疲れさんでございます（相撲界の人同士は一様にこのようにご挨拶をします）。えっ⁉　……えーっ、そうなんですか？　……それで親方はどうするんですか？　……親方はどうするんですか⁉　……（電話切れる）」

私は親方に「どなた？　どうしたの？」と聞きました。電話の相手は貴乃花親方でした。親方はとても驚いた様子でした。話の内容は「貴乃花部屋の力士、裏方全員を親方の千賀ノ浦部屋でよろしくお願いします」とだけ云われて、問いかけには一切答えることもなくその電話は切られたということでした。私もその電話のやりとりをまさに目の前で見ていましたから、正確な時間でいえば一分にも満たない電話だったと思います。突然の出来事に予約していた物件の下見もその日はキャンセルして、その後親方は協会からの連絡ですぐに国技館へと出かけてゆきました。

その日の夕方テレビをつけると大勢のマスコミの前で貴乃花親方が引退会見という記者会見を開いていて、私はそれを見ながらただただ呆然《ぼうぜん》としていました。隆の勝が幕内での初めての懸賞という真っ白い花を手渡してくれた日から、わずか十一日後の出来事でした。

その日からうちの親方の、劇場型とも呼ばれたマスコミからのもみくちゃぶりはまだ記憶に残っている方も多いかもしれません。貴乃花親方は二十五日の記者会見以降江東区にある貴乃花部屋に引き込まれたため、貴乃花親方の弁護士から提出された書類の不備等もあり、うちの親方が書類を持ってマスコミにもみくちゃにされながら協会のある両国と貴乃花部屋のある江東区を何度も往復することになり、その様子は連日テレビで放送されました。

その間も親方は貴乃花部屋の裏方さんや力士たち計十名をなんとか引き取れるように、千賀ノ浦部屋の前の親方や裏方さん弟子たちに説得を続けていました。中には環境が激変することを怖れて移籍してくる事に反対する人たちも確かにいました。そう考えることも仕方のない事だと思います。しかし親方が何時間も粘り強く説得を続けて、首を縦には振らないもののなんとか全員やむなしというところまで辿《たど》り着きました。

後日新聞を読むと貴乃花親方と記者の間で以下のような質疑応答があったと書かれていました。

——千賀ノ浦親方（元小結隆三杉）から弟子らの移籍の承諾を得たのか。

——「私と一緒に部屋をやってくださった期間があるので、あ・うんの呼吸でお願いしたい」

移籍というのはそこにたくさんの人間の人生が関わっている限り、あ・うんの呼吸で出来るようなものでは決してないのです。

連日親方がマスコミに押しくらまんじゅうのようにもみくちゃにされて、顔を赤くしながら困ったような悲しい顔を浮かべて国技館と貴乃花部屋を行き来している姿をテレビで見る度に、私はただただ親方の身体のことを心配していました。私が我慢出来ずに親方に、親方の身体のことが心配だと真剣に伝えると「大丈夫だよ。お相撲さんや裏方さんたちの行き場がなくなっちゃうのは可哀そうだからね」と答えました。

私は二年半前の親方の言葉を思い出していました。前の親方の停年により消滅間際になった千賀ノ浦部屋を引き受けた時、引き受ける理由を親方は私にこう云いました。

「いまの千賀ノ浦部屋にいるお相撲さんたちの行き場がなくなっちゃうのは可哀そうだよね」

前回と違うのは、今回は裏方さんも増えていることです。親方の眉毛はただでさえ八の字に下がっているのですが「可哀そう」と口にする時はさらに角度が下がってきます。引き受けないという選択肢は親方にも私にもありませんでした。しかしそれが簡単な事ではないことはどなたが考えてもわかって頂けることであったと思います。

しかし親方も私もどうしても見て見ぬふりが出来ない性分なのです。

「そうだね、行き場所、居場所が無くなることは辛いだろうね……親方、大丈夫だよ！　なんとかなるよ！」

私がそう答えると親方は嬉しそうに、

「そうだよね！　大丈夫だよね！　なんとかなるよね！」

と云いました。私は子供の頃からなぜか責任感が人一倍強いためにあらゆる場面でリーダーに任命されてきたのです。そして自分が一旦首を縦に振った事に関しては一度も諦めずに石にかじりついてでもやり遂げてきたのです。私は心の中で「なんとかならせなければならない！　やり遂げてみせる！」と呟《つぶや》いていました。それまでの人生の中でも何度もそうしてきたように。

私の父は本を読むのが好きで藤沢周平氏の小説も好んで読んでおりました。私はその藤沢周平氏の小説隠し剣シリーズの女主人公になったような気持ちで「やり遂げなければならない」と自分に呟いていました。

九月二十五日のその電話から約一週間後の十月一日に臨時の理事会が開かれ、貴乃花部屋の力士八名裏方二名の十名の千賀ノ浦部屋への転属が承認され、同じく貴乃花親方の退職も受理された為、以降貴乃花親方は貴乃花氏と呼ばれる立場となりました

（以下貴乃花氏表記）。

その翌日の十月二日元貴乃花部屋の力士たちが台東区の千賀ノ浦部屋へと引越してきました。部屋の前にはいつものように大勢のマスコミ、そして引越しを聞いて駆けつけた近所の人たちも集まり、荷物を部屋の中に運び入れている力士たちに「頑張れー」「負けるな」と声を掛けて下さいました。黙々と荷運びを続ける彼らの姿はまるで難破した舟から疲れ果てて命からがらなんとか新しい舟に乗り込んでくる人たちのように私には見えました。そして疲れ果てているのに、なんとしてでもこれからも生き抜かなければならないというような一種ギラギラした決意のようなものも感じられました。その中でも、貴乃花部屋に入門して二年目の十九歳の時に負ったひざの大怪我の影響で、引越してきた二十二歳の時にはまだ幕下だった熊本県八代市出身の貴健《たかけん》斗《と》が「懐かしい親戚のひとの家に来たみたい……」と、二年半ぶりにうちの親方のところにやってきたことをそうおっとりと話していたのが印象的でした。

元貴乃花部屋から移籍してきた力士八名裏方二名のうち、うちの親方が初めて会うのは新弟子の力士一人だけで他は全員初代若乃花の二子山部屋時代の弟弟子でもあった世話人嵐望《らんぼう》、床山床勝《とこかつ》をはじめ七名の力士たちとも既知の間柄でした。幸い台東区橋場の部屋は元々は高砂部屋の建物として建てられただけあって広く、引越してきた力士を受け入れてもまだ十分にスペースがあることが幸いでした。

親方は既にこれから二つの別々の部屋を一つに合わせて、新しい相撲部屋を作っていく責任と覚悟を決めていました。しかし、いつもは笑顔をたやさない親方が時々ふっと考え込んでいるようなことがありましたので、私は親方に「自分がほんとうはどうしたいか？　どうなりたいか？　を言葉にして書にしてみたら」と提案しました。私自身もなかなかスッキリした答えに辿り着かない時にはそれを活字にして心の中を整理してみるということをよくやっていたからです。親方は筆をとって一瞬もためらうことなく色紙に筆をすべらせました。

「どの子も我が子」

色紙につややかな墨文字で力強く書かれたその言葉がありました。私は本当に親方らしい言葉だなと思いました。しばらくその言葉を見ているとぼうっと涙が浮かんできました。その涙は一体何の涙だったのでしょう？　嬉しいとも悲しいとも違うなにかもっとしみじみとしたあったかい涙でした。

「どの子も我が子」。この言葉には親方の持っている《同一力》という感覚がよくあらわれていると思います。目の前にいるひとりひとりの力士は全て修業時代の自分であり、分け身のように感じている存在なのです。親方の〈共感力〉を超えた《同一力》は弱い立場や逆境にあるものに対して、なんとか抱え込んで救ってやりたいと思った時に強く発動されるのです。

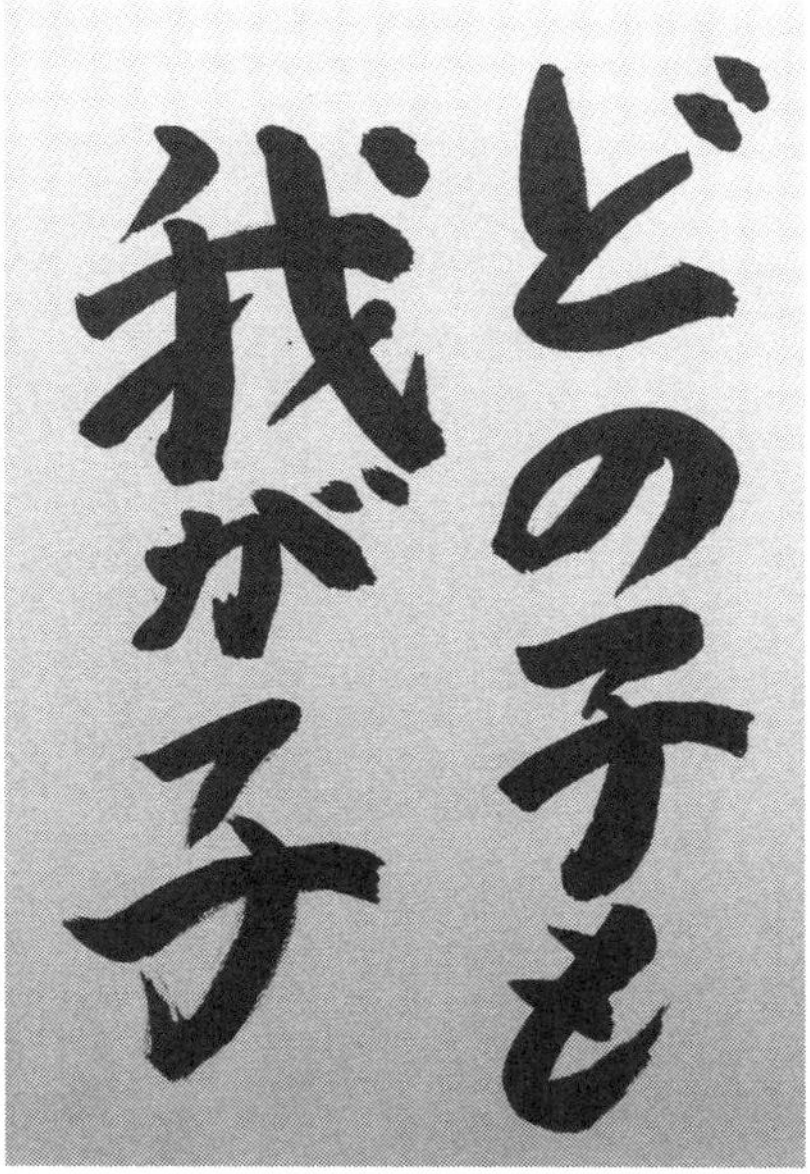

〈自分は自分、他人は他人〉の世の中で親方のように他人の事を他人事とせず、自分の事のように思える、それも心から思えるひとは本当に稀有《けう》な存在になっているように思えます。

そしてそう思うだけにとどまらず、きちんと居場所を作ってあげて責任を持って気を長く大切に育ててゆく、単純な事のように思えてもこれを続けてゆくためには自分自身の心や行動が乱れないように安定している、自分の心が修められていないと出来ない事なのです。親方は自分の元に飛び込んできた弟子たちを「どの子も我が子」と抱えて育ててゆくことを心に決めたのです。

無事に引越しが済んだ夜、秋巡業の前乗りに行った三名と巡業を休んでいた貴ノ岩、貴源治《たかげんじ》以外の二十名位で「カラオケもんじゃ会」で行きつけの浅草のもんじゃ屋さんに繰り出して引越しそばならぬ「引越しもんじゃ会」というのをやりました。

いつものようにお肉を焼いて、シーフードと野菜を焼いて、お好み焼き、それぞれの味付けで作る焼きそば、大きな一本明太子の入ったもんじゃ……アツアツをほおばりながら皆んなまるで最初から一緒だったみたいに、一つになった二つの部屋の力士、裏方さんたちはワイワイとおしゃべりを続けていました。

親方は貴景勝と隆の勝の間にはさまれて好きなお酒を呑みながらもんじゃの湯気の向こうでホッとしたような満面の笑みを浮かべていました。

相撲部屋はまるで一艘《いっそう》の木の舟のようです。決して広くはないその舟に相撲を志すそれぞれ違う國《くに》で生まれ育った若武者たちが乗り込んでひしめき合って帆を揚げて荒波の大海へと乗り出します。

まだ関取になる前の隆の勝が「カラオケ会」で歌った『ハイブリッドレインボウ』（作詞・作曲 山中沢男）の詞にこのような一節があります。

「ほとんど沈んでるみたいな無人島　地球儀にのってない　名前もない　昨日は近くまで希望の船が来たけど　僕らを迎えに来たんじゃない……（中略）

昨日まで選ばれなかった僕らでも　明日を待ってる」

この「明日を待ってる」が曲の最後では歌詞が「昨日まで選ばれなかった僕らでも明日を持ってる」と《持ってる》に変わります。

もんじゃの湯気の向こうで貴景勝が早口の関西弁で話す話を、大きな笑い声を上げて聞いている親方の笑顔を見ながら私もまた、親方と私が目の前にいる皆んなを乗せて航海に乗り出したこの舟は必ず《希望の船》であり続けなければならないと決意を強くしていました。

第三章

貴景勝初めての幕内最高優勝直後の貴ノ岩の暴力問題からの引退

――強くて幸せな力士

引越しもんじゃ会の翌日十月三日、親方の顔からは笑顔が消えていました。移籍してきた貴ノ岩が約一年前に起きた「いわゆる元日馬富士関による貴ノ岩への暴力問題」で、責任を取って既に相撲界を引退していた元日馬富士関に対して損害賠償を求める訴訟を抱えていることを朝稽古後にマスコミから聞かされたからでした。親方は「全然聞いていない。今初めて聞いた」と大勢のマスコミの前で驚愕《きょうがく》していました。私は親方が一人で住んでいる関取用の個室で、引越しなどのバタバタでまだ取り替えていなかったお榊《さかき》を朝稽古が終わったら取り替えようとして待っていました。稽古場の上がり座敷でマスコミに囲まれて驚愕したままの親方の隣りで私は黙々と神棚のお掃除を続けていました。

「訴訟って……何も聞かされてない……」

その日の午後夕方近くに親方の携帯が鳴りました。貴乃花氏御夫妻でした。親方が少し受け答えした後「います、ちょっと代わります」と親方から携帯を渡されました。お二人は大好きなワインを少し召し上がっているようで、しんみりというよりはむしろ明るい声を出されていました。「弟子をよろしくお願いします！」と交代で電話に出られて声を掛けられました。

短い電話を切った後「お元気そうだったね」と私が云うと、親方は「そうだね」とだけ答えました。私がお二人の声を直接聞いたのはそれが最後になりました。

翌四日、私と親方は早朝の飛行機で福岡へと向かっておりました。月末には十一月の九州場所でもう福岡入りしなければならないのに昨年までお借りしていた公民館だけではスペースが足りず全員が泊まることが出来ないからです。

大相撲の世界では一月、三月、五月、七月、九月、十一月の奇数月に年六回の本場所が開催されます。一月、五月、九月は東京の両国国技館で本場所が開催されるのですが、三月は大阪で、七月は名古屋で、そして十一月一年納めの場所は九州福岡で開催されるのです。本場所の初日の二週間前にその場所の新番付が発表され、地方場所の場合その前に親方、力士、裏方全員が地方場所の宿舎に入ることになります。その日までに残された時間は三週間になっていました。

地方場所というのは本当にその土地土地に住んでいる方のお力添えなくしては成り立ちません。もちろん稽古場や宿舎もとても大切ですが、それ以外にも地方場所入りするとお米やお肉、お魚、たくさんの野菜など本当に有り難い程の差し入れを皆さまが届けて下さるのです。場所前、場所中の力士たちの送り迎えまでして下さる方もいます。

九州場所の宿舎は福岡県篠栗《ささぐり》町に構えさせて頂いているのですが、その日も地元の方のお力添えで宿舎にしている公民館の近くの大きな民家を一棟お貸しして頂ける事になりました。これでなんとか乗り切れそうです。九州入りする番付発表の前には今度は親方と大阪へ向かい、親方が現役の時からお世話になっている方のご尽力で大人数で宿泊できる大阪場所の宿舎の確保もしました。皆さま本当に「親方のためなら！」と心を尽くして手を貸して下さることにしみじみと有り難く深い感謝の気持ちをあらたにしました。

十月二十七日付の私の手帳には「とにかく一日中休む日（二ヶ月以上ぶり）」とだけ書かれていました。二十八日、山口県周南市での巡業を終えた貴景勝、隆の勝をはじめ関取たちも九州の宿舎に入りました。まさにギリギリセーフです。そして二十九日、九州場所の番付発表となりました。

翌三十日に貴ノ岩が元日馬富士関への損害賠償を取り下げた事は後から知ることとなりました。新聞には貴ノ岩が「裁判を起こしてから母国であるモンゴルでは私に対する想像を超える強烈なバッシングが始まり、私の家族もモンゴルで非常につらい目に遭った。（家族からも）裁判をやめてくれと要請された」と語った事が掲載されていました。

それからしばらくして貴乃花氏から親方に一本の電話が入りました。内容は「貴ノ岩の貴の字を親方（現役時代の四股名隆三杉）の隆に変えてほしい」とのことでした。

私は親方からその話を聞かされた時、腹の底がカッと燃えるように熱くなりました。気持ちを抑えて私は静かに親方に「どうして？」と聞きました。「貴ノ岩がモンゴルでバッシングされているから、名前を自分の貴から親方の隆に変えた方がいいと思うんですよ。お願いします」と貴乃花氏からそう云われたそうです。

私は「貴だろうと隆だろうとモンゴルじゃ同じ音なんだからタカノイワで変わんないじゃない！」と云いました。

第一章でも元々うちの名跡「常盤山」にも大変愛着があり、限られた期間でも交換するということに強い抵抗がありましたと書きました。私たちはずっと、縁あって自分たちのところに来た名前というものを宝物のように大切にしてきたのです。もちろん親方の現役時代の四股名「隆三杉」もです。隆三杉は大横綱ではありません。でも隆三杉という四股名で懸命に土俵上で闘い続け、十二年間も幕内力士を務め上げてくれた、その「隆三杉」という名前はずっと近くで見つめ続けてきた私にとってみれば、他の何ものにも代えられない大切な大切な名前なのです。

私は他人が勝手にその名前に触れようとすること、勝手に交換など考えることはあってはならないことだと思いました。

親方は「大丈夫だよ変えないから。でも岩（＝貴ノ岩）が傷つくからこのことは内緒にしておこう」と云いました。

その後、九州場所の最中に江東区の元貴乃花部屋にあった貴ノ岩の荷物だけが何故かわざわざ九州場所の宿舎にいる貴ノ岩宛に送り付けられてきました。貴ノ岩は「いわゆる元日馬富士関の暴力問題」後の二場所連続休場から、土俵に復帰したこの年の三月場所から続いていた四場所連続（七月場所では二度目の十両優勝）の勝ち越しが途切れ、この九州場所では六勝九敗で負け越しとなりました。

そしてこの場所が貴ノ岩という関取の現役最後の場所になるとはその時はまだ思いもしませんでした。

二つの部屋が一つになって初めての本場所九州場所が始まりました。貴景勝は三役東小結として土俵に上がりました。初日から落ち着いた力強い相撲で六連勝し、連敗をすることなく十三勝二敗という素晴らしい成績で、見事初めての幕内最高優勝を果たすことができました。またこの時同時に殊勲賞と敢闘賞も受賞しました。

初優勝の興奮も冷めやらぬ一週間後の十二月二日冬巡業が長崎市から始まりました。大相撲の世界では一ヶ月おきの奇数月に行われる本場所以外にも、大阪場所後の四月に行われる春巡業、名古屋場所後の八月に行われる夏巡業、東京九月場所後の十月に行われる秋巡業、そして九州場所後の十二月に行われる冬巡業と年四回の巡業があります。それぞれ一ヶ月近くをかけて日本各地を巡りますので、関取や付人は超ハードスケジュールで一年を過ごすこととなります。二日長崎市から始まった冬巡業は三日直方市《のおがた》、四日久留米市そして五日行橋市《ゆくはし》と福岡県内を巡っておりました。

貴ノ岩本人の暴力問題は四日の夜、行橋市の宿舎で突然起きました。新聞にはその時の経緯がこう書かれています。

「暴行は四日夜、付人が忘れ物の言い訳をしたからという理由によるもの（忘れ物とは頼んでいた風邪薬）。貴ノ岩はかっとなって殴ってしまったと宿舎先ホテルの部屋で相手の顔面を素手で四、五発殴った……五日朝になり付人が巡業会場に荷物を置いたあと姿が見えなくなり、心配した仲間の連絡で付人が気持ちを落ち着けて再び会場に戻ると既に騒ぎになっており、暴行が明るみに出た」

とされています。今度は貴ノ岩が日馬富士関との時とは逆に暴力を振るってしまったのです。

その五日の夕方には台東区橋場の部屋に先ず付人が戻ってきました。部屋の前には信じられない程の数に膨れ上がったマスコミがひしめき合うようにカメラを構えていて、大変な混乱ぶりの中無数のフラッシュがたかれていました。貴ノ岩は関取としてもうすでに外にマンションを借りて生活しておりましたが、親方の判断で今日は付人とは別々でお互い静かにしていた方がいいだろうということで、貴ノ岩は自分のマンションで外出せずに謹慎することになりました。翌六日の夕方、親方自らが運転して貴ノ岩を迎えに行き、もみくちゃになりながら部屋に連れてきました。

貴ノ岩は車の中で「もう耐えられません。責任を取って引退します」と涙を流しながら云ったそうです。親方も泣きながら「まだ引退しなくていいんじゃないか、まだ続けた方がいいんじゃないか、親方も一緒に（協会に）謝って（相撲を続けられるように）頼んでやるから」と部屋に戻ってからも何回も説得したそうです。しかし貴ノ岩は「すみません、すみません」と泣くばかりでもう引退したいという気持ちを変えることはありませんでした。色んな出来事が重なり精神的にもう戻れないところまで完全に追いつめられていたのです。

翌七日、夜七時三十分から貴ノ岩の引退会見が台東区の部屋の稽古場で開かれることになりました。稽古場の土俵をブルーシートで覆ってそこに記者たちが入り、師匠である親方と貴ノ岩の二人が上がり座敷で質疑応答を受けることになっていました。広い稽古場には立錐《りっすい》の余地もない程マスコミが集まってきました。

その時私は二階の親方の個室で貴ノ岩と向き合っていました。いくつかの質問を想定してこのような質問が来るかもしれないよと話していました。私が記者になってい くつかの質問を貴ノ岩に繰り返し、貴ノ岩がゆっくり考えながらその質問に答えていました。いくら日本語が流暢《りゅうちょう》に話せるようになっていたとしても彼の母国はモンゴルですから記者の矢継ぎ早な質問に頭がまっ白になってしまってはいけない。最後の引退会見という場で彼に恥をかかせたくない私はその一心でした。

時間が来て「そろそろ下に。始めます」と声が掛けられ一階の稽古場へと階段を下りてゆく直前、貴ノ岩が振り返って「おかみさん怖いです……」と小さな声で云いました。私はわーんと大声を上げて泣き出したい気持ちになりました。私は自分の爪を自分の手のひらにギュっと強く押しあてて、貴ノ岩の目をまっすぐに見ながらこう云いました。「大丈夫！　大丈夫！　貴ノ岩は強いんだから」。

親方が現役の頃、まだ若い頃から親方の近くで相撲界に接してきた私にはずっと思っていることがありました。言葉にするならそれは「強くて幸せな力士」です。長い時間相撲界に接してゆく中では、必ずしも土俵を沸かせた力士たちが物語のハッピーエンドのようにはならなかったことをたくさん見聞きしてきたからです。息を呑む程強い屈強な相撲を土俵上で繰り広げた力士たちが、病気や怪我でまたそれとは違ういわゆる不祥事など様々な理由で相撲界を去る姿を見てきました。

相撲部屋のおかみになってすぐに相撲雑誌のインタビューを受けたことがあります。その雑誌が今手元にないため正確な言い回しはわからないのですが、ライターの方に「どんな相撲部屋を目指していますか?」というニュアンスの事を聞かれたと思います。それに対して私は「全員が強くて幸せなお相撲さんになってほしいです」と答えました。「強くて幸せなお相撲さん……」と聞いていたライターの方は涙ぐまれて「ほんとうに……ほんとうに、そうですねえ」としみじみと云われました。私が理由を話すと「まさにその通りですね……」と共感して下さいました。この時の相撲ライターの女性、佐藤祥子さんが数年後私に「千年分の相撲部屋の苦労を……」とおっしゃった方なのです。

怪我と隣り合わせの危険や恐怖に打ち勝ち、生命賭けで土俵に上がってきた勇敢な力士たち。その姿を見る事で私たちは多くの尊いエネルギーを得る事が出来ます。大相撲がスポーツではなく神事と云われる由縁も、他のスポーツには存在しない大相撲だけに存在する一種独特な力を持つ《気》を浴びることが出来るからであるような気がするのです（その《気》がたとえテレビからであったとしてもです）。


貴ノ岩は引退会見で記者から「時間を戻せるならいつに戻りたいですか？」と質問されて「もう一度新弟子になりたいです」と答えています。貴ノ岩は本当に相撲が大好きな力士でした。そして記者会見が終わった後、親方と私に「親方のこの部屋でもう一度新弟子になってみたかったです」と云ってくれました。

親方が「貴ノ岩は幕内で相撲を取った漢《おとこ》だからなんとしてでも断髪式を国技館でやらせてやりたい」と云い、一月場所後の二月二日に断髪式を執り行うことになりました。一月場所の千秋楽には新生千賀ノ浦部屋としての披露会も予定しておりましたので、年が明けたらわずか一週間のうちに披露会と断髪式という大きな二つのパーティーを開かねばならず、私はまた、藤沢周平氏の隠し剣シリーズの女主人公に戻り「やり遂げなければならない！　やり遂げてみせる！」と呟いておりました。

貴ノ岩の引退会見からわずか三日後、貴乃花氏がテレビでロングインタビューを受けていました。その中で貴ノ岩が引退した件についてインタビューされると、「今の師匠は優しい方、私は彼（貴ノ岩）にとって怖い存在だったので（移籍してからは）抑えが利かなかったのかな」と答えていました。

私はそれを見ながら虚《むな》しい気持ちになっていました。「うちの親方が優しいから、あなたが問いかけにも答えなかった一分の電話でも黙って弟子たちを引き受けたんでしょう。うちの親方が優しいから、押しくらまんじゅうのようにマスコミにもみくちゃにされながらも書類を持って何度も国技館と、一歩も外に出てこなくなったあなたの部屋を往復したんでしょう」と心の中で呟いていました。

私は親方が本当は誰に義理を立てていたのかを知っています。それは親方が一九七六年に十五歳で阿佐ヶ谷にあった横綱初代若乃花の花田勝治氏の二子山部屋に入門した時に、十一歳年上の兄弟子であった「角界のプリンス」と呼ばれた大関初代貴ノ花関花田満氏でした。うちの親方が十九歳で自身が関取に上がるまで初代貴ノ花関の付人頭も務めたほどで、大変可愛がって頂いたとよく私に話してくれました。

花田満氏は一九九三年からは第十一代として二子山部屋を引き継がれ、うちの親方が現役を引退する一九九五年までは関取隆三杉として、また引退して以降は部屋付き親方として長くお側にいさせて頂きました。ご病気になられてからは私がお正月用のお花をお贈りすると「お花ありがとう。困った事があったら何でも云ってきなさい」と少し聞き取りにくくはなっておりましたがお優しいお声で、電話を下さったこともありました。

その病身の兄弟子初代貴ノ花の二子山親方に呼ばれてうちの親方は「光司のことを頼むな。あいつには礼儀はわきまえるように云っておくから」と云われたのです。親方は病身の兄弟子との最後のその約束をずっと守り続けていたのです。十数年の時が経っても、たとえ理不尽な目に遭っても全て自分の腹におさめてその約束を守り続けていたのです。

「義理を立てる」とは「相手にしてもらった恩義に対して感謝し、恩返しをする」ということです。

病の身になってしまった尊敬する兄弟子から頼まれた最後の約束を、そのご本人が亡くなられてからも心の中にしっかりと抱えてどんな時もずっと守り続けていたのです。

本当に親方らしいなと思います。「善人」や「お人好し」と云ってしまえばそれまでかもしれませんが、ここまでくると私には親方がお人好しを通り越して、まるで歩くお地蔵さまのように見えてくるのです。

「地蔵菩薩《ぼさつ》」は古代インド語では「クシティ・ガルバ」と言い、クシティが《大地》、ガルバが《胎内》という意味で「全ての生き物を育む大地のように大きな慈悲の心で包み込む」という意味もあるそうです。

全く親方の《包み込む力》には自分の利を考える私心というものが本当にないので

す。目の前にいる人間たちを心から可哀そうに思って無心に自分の懐《ふところ》に受け入れ、かばいながら育てようと必死になっているのです。

ずいぶん以前、親方が自分の部屋にフェルトで作られた五センチ程の小さな犬のぬいぐるみを飾っていたことがありました。新品ではなくどちらかといえばほつれているような少しボロっぽいものでしたので、私は「これどうしたの？」と聞いてみました。親方は「うちの犬と散歩していたら道端に落ちていて雨に濡れてたから可哀そうだと思って連れてきた」と云いました。

そうです、親方は連れてくるのです。例えそれが少しボロっぽいぬいぐるみでも、それをかばいたいと思ったらかばうのです。庇う＝かばうとは他から害を受けそうなもの、また他から悪く思われそうなものをそうならないようにいたわって守るということです。

私は間近でそんな親方を見ていると、今私たちがいるこの現代社会が一番見失ってしまったもの、本当は見失ってしまってはいけなかったものが何だったのかが段々見えてくるような気がするのです。

第四章

貴景勝の大関昇進と貴ノ富士の二回目の暴力問題

——コップの水

年が明けて二〇一九年となりました。
前年の十一月場所を初めての幕内最高優勝で納めた貴景勝は新年の一月場所を東関脇で迎えていました。初日から三連勝をし終盤まで優勝争いに加わり、横綱白鵬《はくほう》関にも勝利しましたが、千秋楽に大関豪栄道《ごうえいどう》関に敗れ十一勝四敗でこの初場所を取り終えました。三役としての直近三場所では二〇一八年九月場所西小結で九勝六敗、十一月場所東小結で十三勝二敗の幕内最高優勝、そして初場所十一勝四敗と大関昇進の目安とされている合計三十三勝に到達していましたが、千秋楽の黒星により大関に昇進するかどうかは次の三月場所の結果を見てからと見送られることとなりました。またこの初場所では二日目の取組で隆の勝が足に怪我を負った為休場しておりましたので病院への付き添いなどもしながら、千秋楽に予定していた部屋としての「新生披露会」の準備と、その六日後に両国国技館で執り行われる「貴ノ岩の引退断髪式」の準備も同時に抱えており、一ミリも休む暇のない日々を繰り返していました。

　前年の二〇一八年十一月二十五日九州場所での貴景勝の幕内最高優勝での千秋楽パーティーから始まって、十二月七日の貴ノ岩の引退会見、翌二〇一九年一月二十七日初場所千秋楽での部屋としての新生披露会、六日後二月二日の貴ノ岩の引退断髪式までの七十日間はほとんど記憶がとんでしまう程の忙しさを極めていました。

私は文机《ふづくえ》の周りの各イベントごとに積み上げられた書類の山の中で頭を切り替えながらそれぞれの会が成功するように準備をすすめていて、頭が疲れてくるとその場でまるまって少し仮眠をとってはまた作業を続け、また少し仮眠をとっては作業を続ける事の繰り返しで、来る日も来る日も文机の前の空きスペースにスポッと収まって頭と手を動かし続けました。新しく出来た後援会の事務局はまだ角界でのしきたりやり方に慣れていないため、一から十まで全て私が目を通して自分でやらなければならなかったのです。元々関取の引退断髪式というのは最低でも引退してから半年間位の準備期間をかけて執り行うもので、貴ノ岩の場合十二月七日に引退表明をしてから二ヶ月弱後、ましてや両国国技館でというスケジュールは相撲界でももしかしたら初めての事だったのではないかと思います。

「貴ノ岩は幕内で相撲を取った漢《おとこ》だからなんとしてでも両国国技館で断髪式をやってあげたい」と親方が云って、引退した理由のせいで国技館での断髪式を快く思っていなかった方々ももちろんいらしたと思いますが、親方は貴ノ岩のために奔走して両国国技館の使用の許可を取り付けてきました。親方がそう云った時、私も涙ぐみながら「そうだね、やってあげようね」と口にした責任からは決して逃げるわけにはいかないのです。私は子供の頃から責任を放棄したことがないのです。

友人、知人、後援者など長年おつきあいのあった方たち、また二〇一八年に新しく立ち上げた部屋の後援会に入って下さった方々、また当時としては珍しかったSNSを通じての一般の方々の出席なども募って引退断髪式当日の二月二日は約三百七十人もの方々にお挟みを頂戴することができました。

またこれも新しい試みでしたが貴ノ岩の引退断髪式では女性の方にもお挟みを入れて頂く時間を設けており、貴ノ岩は土俵の横に設《しつら》えられた場所に置かれたイスに移動してたくさんの女性の方々からもお挟みを頂戴しました。挟みを入れる女性の最後におかみとして私の名前が呼び上げられ、座っている貴ノ岩のうしろに立ちました。そして挟みを入れる瞬間、「岩さんが幸せになりますように」と耳元で呟きました。祈りを込めてパチンと小さく髷《まげ》に挟みを入れると、貴ノ岩は遠い目をして一瞬天を仰ぎました。

「髷を切る」ってほんとうに不思議なことです。想像してみて下さい。自分の髪を何百人もの人が少しずつ少しずつ切ってゆくのです。

親方が現役を引退したのは一九九五年の十一月場所で、翌年の五月場所後に「隆三杉引退藤島《ふじしま》襲名披露大相撲」を両国国技館で開かせて頂きました（藤島は親方が引退後初めて襲名した名跡です）。

断髪式で大銀杏《おおいちょう》に結われた隆三杉の髷は、たくさんの方のお挟みを経て前師匠であった横綱初代若乃花の花田勝治氏のお挟みに続いて、引退当時の師匠であった大関初代貴ノ花の二子山親方によって大たぶさが切り落とされました。切り落とされた髷はその後床山の初代床勝さんの手によって美しく整えられガラスケースの中に納められました。今も隆三杉の髷は、普段は使っていない和室の床の間に布をかけて大切に保管されています。

時折、布を取って重いガラスケースのふたをあけ、顔を近づけてみます。三十年経ってもびんづけ油の甘い香りが鼻腔《びくう》をくすぐります。髷があることを知らない人が通された和室に入って何気なく布を取ったら、髷があったのでドキンとしたと云われたこともありました。

髷は力士の命とも云われます。髷を少しずつ切ってゆくということは少しずつ命＝力士としての命を断ってゆく儀式と云えます。断髪式とはまさにその字の通り、髪＝髷＝命を断つ儀式なのです。

髷を切るともう二度と力士に戻ることは出来ません。その終わり方の凄まじさは大相撲というものに命を賭けたということの証であると云えるのかもしれません。

貴ノ岩引退断髪式、あの日から数年の時が流れて、今でも時々貴ノ岩ことアディヤ・バーサンドルジさんは部屋の千秋楽打ち上げパーティーに顔を見せてくれます。岩さんは母国モンゴルでいくつかの事業を手がけており、もう立派な若き経営者としての風格をそなえています。スマートになった岩さんですが一番変わったのは瞳です。今の岩さんの瞳はとても澄んで穏やかになっています。関取だった頃の殺気とは別に、最後追いつめられてゆく時間の中での岩さんの瞳は、特に白目の部分が肝臓を壊しているのかと心配になるほど輝きを失い血走っているように見えました。岩さんが入門した頃から一緒にいた裏方さんたちも最近の姿を見て「岩関、別人みたいにさわやかな顔になっていますね」と笑っています。母国モンゴルの広大な景色と時間が、彼をゆっくりと癒やしてくれたのでしょう。

岩さんに会うと私は必ず彼に聞くことがあります。

「岩さん幸せ？」と。

岩さんは「はい幸せです！」とはにかんだ笑顔でしっかりと私の目を見て答えてくれます。

貴ノ岩義司《よしもり》　自己最高位西前頭二枚目、十年間の土俵人生の物語は終わりを迎えました。

貴ノ岩に断髪式でまとまったものを手渡して新しい人生へと送り出した後は、新宿舎で迎える来《きた》る三月場所の準備のために大阪と東京を親方と二人でバタバタと行ったり来たりしていました。

大阪入りする四日前の二月十八日、その日浅草のお鮨屋さんで親方は八の字の眉毛をもうこれ以上は下げられないくらいに下げておりました。その四ヶ月半前に旧貴乃花部屋から幕下で移籍してきた貴ノ富士《たかのふじ》が十一月場所、一月場所と二場所連続で勝ち越して三月場所再び十両に戻ることのお祝いの席でした。

再び十両に戻れたら「お鮨をごちそうしてほしい」という親方の冗談を貴ノ富士は真面目に覚えていてくれて「親方お鮨いつにしますか？　おかみさんもどうぞ」と云ってくれたのです。夕暮れ時、浅草の細い路地に面したところに招待してくれたお店がありました。立派な白木のカウンターの前で親方と貴ノ富士が笑顔で乾杯する写真が今でも大切に手元にあります。親方は嬉しすぎて少し涙目になっているように見えます。静かな店内でお鮨をつまみながら「つよし（貴ノ富士の本名）！　いいな、ここからだからな。ここからもう一回がんばるんだからな。カッとなっても絶対に手をあげたらダメだぞ。暴力したらがんばってきたことが全部ダメになっちゃうんだから、失くなっちゃうんだから。せっかくまた関取に戻れたんだからな。ここからまたがんばるんだからな、わかったな」

親方の言葉に貴ノ富士は神妙な面持ちで「ハイッ！」「ハイッ！」と答えていました。親方が貴ノ富士にお祝いの席でこんな話をするのは理由がありました。それは約一年前に貴乃花部屋でまだ貴公俊《たかよしとし》という四股名で新十両で迎えた三月場所中の出来事があったからです。

新十両で迎えた三月場所の八日目、取組前の土俵下の控えに入らなければならないタイミングを付人が間違えてしまい、貴公俊は慌てて花道を走って入場する事になり、控えにいた審判の親方から注意をされ、取組に敗れた後支度部屋に戻り、その場でその付人を殴ってしまうという暴力問題を起こしていました。翌九日目から謹慎のため休場となり、次の五月場所は一場所の出場停止処分を受けて関取である十両から再び幕下へと番付を下げていました。

親方はお鮨屋さんを出て浅草の行きつけのお店に私と二人で行った後も、「良かったな〜、つよしがまた関取に戻った。お鮨美味しかったな〜、つよしが約束守ってごちそうしてくれたよ。あいつは人一倍稽古するからこれからだよ。これからきっと良くなってゆくよ」とお酒で上気した頬でかみしめるように何度も何度も繰り返し呟いていました。
ここに一枚の約束事と書かれた紙があります。

二〇一八年十月に旧貴乃花部屋から移籍してきた力士八名と、元々千賀ノ浦部屋に所属していた力士九名の全員が、「私は師匠の指示に従いこの約束事を厳守し、みんなと助け合って相撲道に精進します」と署名し拇印を押しています。

前にもお話ししたのですが、既にある部屋に移籍してくるということはたとえ一人、二人だとしても馴染むまでには大変なエネルギーと時間を要するものなのです。同じ相撲部屋は二つとない程、各部屋の方針ややり方は異なっています。協会のルールのもとで四十五部屋あれば四十五通りのやり方が存在しているのです。だからこそたとえ何らかの事情を抱えて、部屋の師匠が自分の考えで育てた弟子を別の部屋で育ててもらえるようにお願いする時には、部屋の消滅とともに今までの部屋でのやり方や考えを一度リセットして、新しいまっさらな気持ちで新しい場所で生きてゆけるように噛んで含めるように云いきかせてから送り出さなければならないのです。そうしない

千賀ノ浦部屋所属の約束事

1. 絶対に暴力をふるわない。
2. 金銭のトラブルをおこさない。
3. いじめと受けとられる行動をしない。(下記参照)
4. 反社会勢力と関係を持たない。
5. あらゆる違法行為に手を染めない。

上記の約束事等を守れない場合は引退届を提出することになります。

いじめと受けとられる行動

例) 金銭の貸し借り、ゆすり、たかり行為
使い走りさせる、大声で怒鳴る
相手が嫌がっていることを強要する
SNS等で相手を誹謗中傷する 等

私は以上の約束事等を厳守し、みんなと助け合って相撲道に精進します。

年 月 日

こと

印

と子供（＝弟子）が混乱してしまうからです。人間を預かる相撲部屋で師匠、おかみさんと呼ばれた者には最後まで誠実な大人としての対応と責任が伴うものなのです。そして誠実な大人としての対応というのは時間をかけたとても地道な作業なのです。

親方と私は移籍を皆んなに受け入れてもらうために先の約束事を作りました。二人でイヤだね、こんな事書きたくないね、と云いながら絶対にやってはいけない事のルール作りをしました。親方は「大丈夫だよ、みんなきっとうまくやってゆくよ」と云いました。私もそうなってほしいと心から祈っていました。

いよいよ貴景勝の大関昇進をかけた二〇一九年三月大阪場所が始まりました。兵庫県芦屋市出身の貴景勝にとってはご当所場所となります。直近の三場所三役で幕内最高優勝一回も含む合計三十三勝に達していた貴景勝でしたが、一月場所後の昇進は見送られ、この三月場所に大関昇進がかかっていました。前年十一月場所十三勝二敗（幕内最高優勝）、そして一月場所が十一勝四敗（準優勝）、二場所合わせて二十四勝、この三月場所に二桁十勝の勝ち星を上げれば合計三十四勝となり間違いなく大関昇進が見えてくるだろうと、場所前から新しく構えた東大阪の宿舎や近くにお借りしていた稽古場には連日マスコミが詰めかけておりました。二連勝で始まった三月場所は途中一進一退を繰り返し中盤の五連勝の後、千秋楽の大関栃ノ心《とちのしん》関との一番で（押し出し）遂に十勝目を上げて無事場所後の大関昇進を手中に納めることができました。

その頃親方は審判の職務についており、紋付袴《はかま》で土俵下の控えで力士の取組の勝敗を見届けていましたが、自分の弟子たちの取組になると我慢しようとしても一緒に相撲を取っているように身体が前後左右に動いてしまい、弟子が敗れるとしょんぼりしたような顔になりますので、私はテレビを見ながら「親方、平常心！　平常心！」と云っておりました。

大関昇進がかかった三月場所千秋楽の貴景勝の一番を近くで見ていた親方は「口から心臓が飛び出すか」と思う程力が入ったと云って、「景勝は度胸がいい！　あいつの精神力は凄い！」と唸《うな》っておりました。翌日の記者会見は、親方の二子山部屋時代に新花山《あらたかやま》として弟弟子だった、今は亡き千葉公康さんが経営されていた「ちゃんこ料理新《あらた》」を借りて、たくさんの記者の方が集まりお祝いムード一色で開かれました。

その翌々日三月二十七日、番付編成会議と臨時理事会が開かれ貴景勝の大関昇進が満場一致で承認されました。さらにお祝いムードは華やかさを増し、大阪のホテルニューオータニに会場を設えて「大関昇進伝達式」の使者の親方、出羽海一門から出羽海理事と二所ノ関一門から西岩《にしいわ》親方を無事お迎えすることが出来ました。使者より大関昇進の伝達を受けての貴景勝の口上です。

「大関の名に恥じぬよう、武士道精神を重んじ、感謝の気持ちと思いやりを忘れず、相撲道に精進して参ります」

二十二歳七ヶ月での大関昇進でした。

大相撲の世界において横綱は神格化される存在であり、大関はその下の関脇以下の力士とは圧倒的に立場の違う「別格の存在」として扱われることになります。私は大変有り難いことに人生の中で元横綱、元大関、また現役中の横綱や大関とたくさん間近で接する機会に恵まれてきました。あの空前の若貴ブームの時も二子山部屋の身内の一人として中に居るという経験も出来ました。私の経験から感じたことは、横綱、大関が他の力士と決定的に違うのは「殺気」と「結界」の強さのように思えます。「結界」の中で「殺気」と向き合い究極的に自分の「殺気」を研ぎ澄ましているイメージです。その「結界」の中には自分以外誰も入ることは出来ません。誰も手を触れることが出来ない怖ろしく透明な水晶の中に一人佇《たたず》んでいるような、非常に純化された「孤独の気」の中に存在しているのです。

やがて引退をもってそこから出てくるまではずっと一人でそこに生きてゆくことになります。私は貴景勝が口上を述べている間、身じろぎひとつせず両手をついて深くこうべを垂れながら「貴景勝もあの世界の人になってゆくんだな……」と深く感慨を覚えていました。

大関として迎えた翌五月場所、貴景勝は四日目の小結御嶽海《みたけうみ》関との取組で右膝関節内側側副靭帯《ないそくそくふくじんたい》の損傷で休場し、本人の強い希望で八日目に再出場しましたが、小結碧山《あおいやま》関の立ち合いのはたき込みに黒星を喫し、再び休場することとなりました。

翌七月場所は休場すれば二場所連続負け越しで関脇へ陥落することになる為、貴景勝本人は出場することを熱望していましたが、親方が長い時間をかけて「これから先の長い相撲人生のためにとにかく今は我慢して治療に専念するように」と説得し、貴景勝もそれを受け入れて七月場所は休場し、次の場所で十勝以上をあげれば再び大関に戻るという特例に焦点をあて九月場所に挑むことになりました。

〜コップの水〜

九月場所の初日まであと六日と迫った九月二日の朝、まだ十代の新弟子から私の携帯に着信が入りました。まだ朝稽古が終わるか終わらないかの時間でしたので怪我でもしたのかと思い慌てて折り返しました。

「おかみさん大変です。大変なことになってます。すぐ部屋に来てください！」

「どうしたの?!」

「いや説明が難しいです。◯◯と◯◯と◯◯（三人とも十代の弟子）が部屋にいません！」

私は部屋の近くに借りていたワンルームマンションから飛び出してタクシーに乗り、

その電話から十分後には橋場の部屋の玄関にいました。木の引き戸を開けて入ってゆくと稽古場も廊下もうす暗いままです。朝稽古はもう終わっていましたがなんだか奇妙に静かなのです。玄関からまっすぐ伸びた長い廊下のつきあたりにある三畳程の事務所と呼ばれるスペースに貴源治と同期の力士の二人が座っているのが見えました。私は一直線にそこに向かいました。

「どうしたの?!」二人は首を横に振って「よくわかりません」と答えました。私は慌てて二階にある親方が一人で住んでいる関取用の個室を開けました。親方の横顔は疲れているように見えました。親方の部屋に私に電話をくれた十代の弟子を呼んで何が起きたのかをたずねました。彼の説明する内容は、初夏頃から貴ノ富士と貴源治（双子の兄弟）二人の弟弟子への指示や発言がどんどん荒っぽく強制的に感じられるようになり自分も含めた弟子四人（旧貴乃花部屋から来た新弟子一人も含む）はそれに嫌気がさしていたこと、八月三十一日の横綱審議委員会の稽古総見の日に貴ノ富士の付人をしていた一人が、国技館から戻った貴ノ富士を部屋で出迎え、風呂から上がった貴ノ富士にバスタオルを渡そうとしたところ、拳骨《げんこつ》でいきなり額をゴンと殴られたことを目撃したと話してくれました。私が「理由は？」と聞くと、その付人が挨拶をしないまま自分がいない時に自分より先に風呂に入ったことを怒っていたと云いました。暴力しないと部屋所属の約束事まで皆んなでサインしたのにこれが続くと思うと、相撲は続けたいけどこの状態で暴力までされたらとても耐えられないと思って夜が明ける前、まだ暗いうちに自分だけは残って他の弟子三人は部屋を出て行ったと教えてくれました。

「でも心配しないで下さい。みんな自分の実家に帰りましたから」

三人がいなくなった前日の九月一日は親方の師匠である横綱初代若乃花の命日で、浅草に程近いところにある菩提寺《ぼだいじ》に部屋の全員を連れてお墓詣りに行っておりました。それから丸一日もたたないうちの出来事に景色が変わりすぎて色んな景色がフラッシュバックのように頭の中を流れてゆきました。もちろんお鮨屋で乾杯する親方と貴ノ富士の笑顔も……。

親方と車で都内に実家がある殴られた弟子の家をたずね、ご両親はお仕事で不在だった為に近くのファミリーレストランに連れて行き、本人に事の経過をたずねたところ、部屋で親方と私に説明をしてくれた弟子とほとんど同じ事が語られました。目視したところ外傷（裂傷等）は無かったのですが、額ではなく額寄りの髷の中でしたので少しかきわけて押さえると痛いと云っておりました。

もとより貴ノ岩自身の暴力問題があって以降、絶対に協会に報告せずに隠蔽《いんぺい》する事を選ぶなどどうちの部屋にはありませんでした。たとえゲンコツ一発だったとしても暴力なのです。例えばあなたが道を歩いていて見知らぬ誰かにゲンコツで頭をゴンッと殴られたとします。そしたらそれを「大丈夫！　大丈夫！　暴力じゃないよ」と云う人はほぼ確実にいないでしょう。相撲界に昔からある言葉、ムリ偏にゲンコツと書いて兄弟子と読ませるなんて事はそれが普通ではないという事、許されてはいけない事だということをもう共有する世の中になっているのです。

相撲界のみならず昔の社会は体罰ありきの社会でした。昭和時代小学生だった私も体罰を受けたことはあります。思い出せないくらいのささいな理由、たぶん掃除の仕方が悪いというような理由でクラスの全体責任とされ、全員立たされて年老いた気の短い男性教諭にけっこうな力で頭を一発ずつ叩かれたことがありました。そこには愛情などみじんもありませんでした。彼はただ腹を立てて怒っている、その自分の怒りを静めるために小さな子供の頭を叩いてまわりました。きっとその教諭もそういう社会で育ってきたのでしょう。そんな社会を知っているからこそ「体罰は絶対にダメ！」「暴力は絶対にダメ！」と公に声に出して云えている今の社会は少なくとも体罰容認、暴力やむなしと考えていた昔の社会よりも確実に正常になってきていると私には思えるのです。それでも体罰や暴力が消えてなくなる事がない人間社会だからこそ「絶対に体罰はダメだ！」「暴力は絶対にダメだ！」と念仏のように声に出し続けてゆくことが大切になるのです。

三人がいなくなった翌日の九月三日には、正確に事の経緯をご説明するために親方と私は二人で協会へ出向いてゆきました。そして貴ノ富士は謹慎させるために九月場所は休場させることも申し入れました。その後場所中も協会のコンプライアンス委員会からの本人、親方、関係者の聞き取りと調査が続けられ、コンプライアンス委員会から理事長への答申を経て、今回の件に関する処分が九月場所後の二十六日の理事会で伝えられる事になりました。

親方の顔は早い段階から苦渋の色を濃くしてゆきました。問題発言や逸脱したパワハラ行為があった事等も認定され、日が経つにつれて厳しい結果になることが予想されてゆきました。

九月場所が終わり二十六日の理事会に先立つ前日の二十五日に貴ノ富士はスポーツ庁に弁護士を伴って上申書を出しました。本人が協会のコンプライアンス委員会や親方から引退をすすめられているとして、想定されている処分が重すぎると考えていることを訴える内容でした。二十六日の理事会には貴ノ富士と貴源治そして親方が呼ばれ、理事会では貴ノ富士に自主引退を促すという決議がなされ、親方にその任は任されました。またこの時貴源治は逸脱したパワハラ行為があったとしてけん責処分に、親方は所属力士全員に対し「暴力、いじめ等をしない」という誓約書を提出させ、日頃から「暴力をしたらおしまいだから」と注意喚起はしていましたが、師匠として今回の監督責任を問われる事となり報酬減額六ヶ月（二〇％）の処分が通達されました。

貴ノ富士は翌二十七日には代理人弁護士と共に文部科学省で記者会見を開き、その様子はネットでもライブ配信されたようでした。私はリアルタイムでの視聴ではなく後日新聞の記事で何が語られたかを目にしました。その中に印象的な言葉がありました。

「手を出さない代わりにどういう風に指導していったらいいか、言葉で何回も何回も毎日言っても伝わらない場合はどうしたらいいかということは教えてもらえてない」

私の印象に残った言葉は「指導」と「教えてもらえてない」という二つでした。同席した代理人弁護士も「十五歳で相撲取りになって、二十二歳の少年から大人になりかかっている関取に若い人の〈指導〉を任せる、その〈指導体制〉が問題ではないか」と語ったことが載っていました。

しかしこの前提には大きな勘違いと間違いがあります。そもそも軽々に「指導」なんて任せていないのです。どこの相撲部屋の師匠が弟子に弟子の「指導」なんて任せるでしょうか。相撲部屋で指導者と呼ばれ、指導ができるのは師匠や部屋付きの親方だけなのです。現役時代の力士や関取は相撲と自分の事にほとんど全てのエネルギーを使っていて、二十四時間あっても足りない位なのです。「指導」が出来るようになるためには、その指導する者の資質はもちろん、まず「指導」をする対象者との信頼関係がしっかりと構築されてからでないと成り立たない事ですから、これにはとても〈時間〉と〈労力〉と〈忍耐〉が必要とされるのです。だからこそそもそもそんな重要な「指導」というものを弟子に任せるはずがないのです。

もう一つ「教えてもらえてない」という言葉も私の印象に強く残りました。「教えてもらえてない」というのは「教えてもらえる」という事が前提になっています。移籍を受け入れてからは、親方はさらにちゃんこを食べている時でさえ「暴力はダメだぞ！」「暴力したら全部失くしてしまうぞ！」と事あるごとに口をすっぱくして云いきかせていました。先の「約束事」という誓約書まで全員に書かせていました。親方は暴力はいけないということの想念を貴ノ富士にずっと教え続けていたのです。しかし受け入れてから一年弱ではとても残念な事ですが、移籍する前から作られた貴ノ富士の強固な想念を変えることは出来なかった。それくらい彼は彼の今までの自分のやり方や価値観に固執していたのです。

手を出さない代わりの方法は絶対に手を出さない事を続けた先にあるものなのです。

そしてそれは代わりなどではなく手を出すという選択肢を完全に捨て切らないと見つけられないものなのです。

会見以降連絡が取れなくなった貴ノ富士と直接会って話をするために、何日も親方は貴ノ富士のマンションに足を運びましたが彼の顔を見ることは出来ませんでした。

また日を追うにつれて実情も知らないマスコミの憶測記事やネット上での書き込みもみるみる増えてゆきました。中には殴られた弟子が殴られてあたりまえだと書いたり、うちの親方が実は協会と手を組んでいて元貴乃花部屋の力士を辞めさせるようにしているという、大丈夫ですかと云いたくなるようなものまでありました。親方は二〇一八年三月二十八日の年寄総会では貴乃花親方の処分が軽くなるようにと嘆願書まで提出していたのですから。

部屋のSNSはいつも担当の方に運営してもらっていて、私はずっとアナログな生き方を大切にしてきましたから直接SNSというものはやっておりません。そのような書き込みも心配してくれた知人や友人が知らせてくれたものです。しかし、このまま殴られた弟子や親方に嘘の石つぶてを投げさせ続けるわけにはいきません。それ以前も時々私は自分の考えを手紙に書いて写真に撮ったものを部屋のＳＮＳ担当の方に送ってそれをアップしてもらうということをしていましたから、今回も私は手紙を書いてそれをアップしてもらうことにしました。私は、殴られた弟子や親方への石つぶてを私に投げさせようと考えたのです。

移籍してきた弟子たちはちゃんこの時にしばしば過去の荒っぽい話をしていて、そのたびに給仕をしている元からいた新弟子の顔がおびえたようになっていました。移籍してくる前の貴公俊の一回目の事もまだ記憶に新しいからです。だから親方は必ずちゃんこを食べている時に「昔の相撲界では当たり前だったことが、もう今は全然違うからな！　今は平和が一番なんだぞ！　暴力はした方もされた方も不幸になるだけなんだから。だから暴力は絶対ダメだからな」と繰り返し繰り返し皆んなに云い続けていたのです。

記者会見から十日後、私は「おかみのひとり言」として手紙をＳＮＳにアップしました。

「ルミちゃん！　大変だよ！　大変なことになってるよ！」と夕方姉から電話がかか

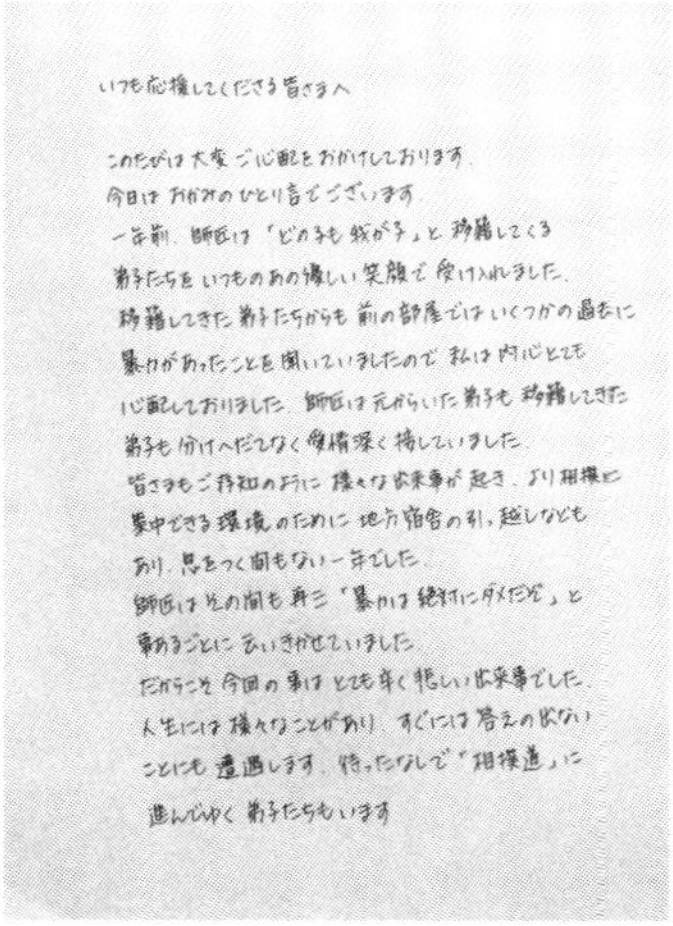

いつも応援してくださる皆さまへ

このたびは大変ご心配をおかけしております。
今日はおかみのひとり言でございます。
一年前、師匠は「どの子も我が子」と移籍してくる
弟子たちをいつものあの優しい笑顔で受け入れました。
移籍してきた弟子たちからも前の部屋ではいくつかの過去に
暴力があったことを聞いていましたので私は内心とても
心配しておりました。師匠は元からいた弟子も移籍してきた
弟子も分けへだてなく愛情深く接していました。
皆さまもご存知のように様々な出来事が起き、より相撲に
集中できる環境のために地方宿舎の引っ越しなども
あり、息をつく間もない一年でした。
師匠はその間も再三「暴力は絶対にダメだぞ」と
事あるごとに言いきかせていました。
だからこそ今回の事はとても辛く悲しい出来事でした。
人生には様々なことがあり、すぐには答えの出ない
ことにも遭遇します。待ったなしで「相撲道」に
進んでゆく弟子たちもいます

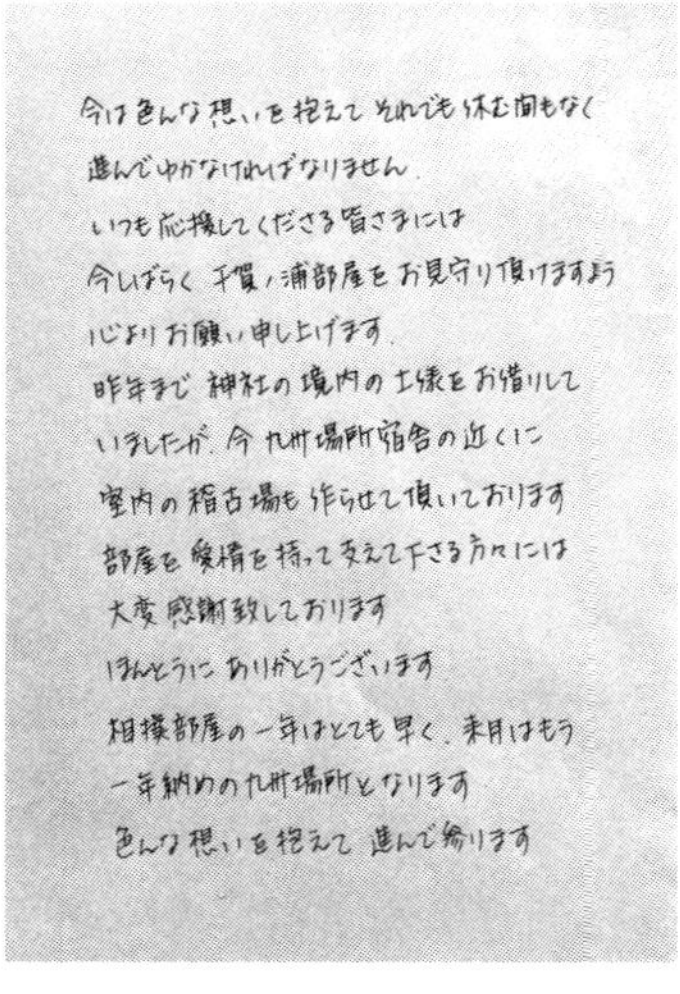

今は色んな想いを抱えてそれでも休む間もなく
進んでゆかなければなりません。
いつも応援してくださる皆さまには
今しばらく千賀ノ浦部屋をお見守り頂けますよう
心よりお願い申し上げます。
昨年まで神社の境内の土俵をお借りして
いましたが、今九州場所宿舎の近くに
室内の稽古場も作らせて頂いております
部屋を愛情を持って支えて下さる方々には
大変感謝致しております
ほんとうにありがとうございます
相撲部屋の一年はとても早く、来月はもう
一年納めの九州場所となります
色んな想いを抱えて進んで参ります

『致知』定期購読お申し込み

<table>
<tr><td colspan="2">お求めになった書籍</td><td colspan="2"></td></tr>
<tr><td>フリガナ</td><td></td><td colspan="2">性別　　男　・　女</td></tr>
<tr><td rowspan="2">お名前</td><td rowspan="2"></td><td colspan="2">生年月日(西暦)</td></tr>
<tr><td colspan="2">年　　月　　日</td></tr>
<tr><td>会社名</td><td></td><td colspan="2">役職・部署</td></tr>
<tr><td>ご住所
(送付先)</td><td colspan="3">〒　　　―　　　　自宅　会社　(どちらかに○をしてください)</td></tr>
<tr><td>TEL</td><td colspan="3">自宅　　　　　　　　　　　会社</td></tr>
<tr><td>携帯</td><td colspan="3"></td></tr>
<tr><td>メール</td><td colspan="3"></td></tr>
<tr><td>職種</td><td colspan="2">1.会社役員　2.会社員　3.公務員　4.教職員
5.学生　6.自由業　7.農林漁業　8.自営業
9.主婦　10.その他(　　　　)</td><td>弊社記入欄
B</td></tr>
<tr><td>最新号より
毎月　　冊</td><td>ご購読期間</td><td colspan="2">(　　)1年 11,500円(12冊)
(　　)3年 31,000円(36冊)
(税・送料込)</td></tr>
</table>

※お申込み受付後約1週間で1冊目をお届けし、翌月からのお届けは毎月7日前後となります。

FAX.03-3796-2108

郵便はがき

料金受取人払郵便

渋谷局承認

8264

差出有効期間
令和7年12月
15日まで
(切手不要)

1508790

584

東京都渋谷区
神宮前4－24－9

致知出版社

行

1978年創刊。定期購読者数11万人超

あの著名人も『致知』を読んでいます

鈴木敏文 氏

セブン＆アイ・ホールディングス名誉顧問

気がつけば『致知』とは創刊当時からの長いお付き合いとなります。何気ない言葉が珠玉の輝きとなり私の魂を揺さぶり、五臓六腑にしみわたる湧き水がごとく私の心を潤し、日常を満たし、そして人生を豊かにしてくれている『致知』に心より敬意を表します。

栗山英樹 氏

侍ジャパントップチーム前監督

私にとって『致知』は人として生きる上で絶対的に必要なものです。私もこれから学び続けますし、一人でも多くの人が学んでくれたらと思います。それが、日本にとっても大切なことだと考えます。

お客様からの声

私もこんなことで悩んでいてはいけない、もっと頑張ろうといつも背中を押してくれる存在が『致知』なのです。

（40代 女性）

『致知』はまさに言葉の力によって人々の人生を豊かにする月刊誌なのではないでしょうか。

（80代 女性）

最期の時を迎えるまで生涯学び続けようという覚悟も定まりました。

（30代 男性）

人間学を学ぶ月刊誌 致知《ちち》

定期購読のご案内

月刊誌『致知《ちち》』とは?

有名無名・ジャンルを問わず、各界各分野で一道を切り拓いてこられた方々の貴重な体験談を毎号紹介しています。
書店では手に入らないながらも口コミで増え続け、11万人に定期購読されている、日本で唯一の人間学を学ぶ月刊誌です。

致知出版社 お客様係　〒150-0001　東京都渋谷区神宮前4-24-9
TEL 03-3796-2111

ってきました。

「ルミちゃん！　ツイッター（現Ｘ《エックス》）が炎上しているよ。誹謗中傷を書き込んでいる人もいて、部屋を応援しているひともいて大変なことになってるよ‼」

誹謗中傷とはいわゆる悪口です。知人や友人からもたくさんの心配の声をかけられました。中には心配しすぎていったん削除したらと云ってくるひともいました。削除はしません。何故なら私は間違った事や嘘をひとつも手紙に書いていないからです。そして私は子供の頃から間違っていることをそのままにして通り過ぎたことがないのです。

「ルミちゃん！　コメント読んでないの？」と姉がたずねました。

「読んでないよ」と答えました。

「えっ！　そうなの……」と姉が驚いて云ったので私は、

「お姉ちゃん、考えてごらんよ。そんな事書き込んでいる人は日本中のどこかに住んでいるわけでしょ。電車に乗ってバスに乗ってその人の家をピンポーンってしてすみません、私の悪口教えてもらえますか？　って云ってまわるのと同じことだよ。わざわざそんな不健康なことしないでしょ？　それと同じだよ」と答えました。

姉は「ルミちゃんらしいね。ルミちゃんは子供の頃から間違ったことがキライだもんね。全然変わってないんだよね」と云いました。

「変わらないよ。おかみだろうとなんだろうとずっと私は私なんだから」と私は答えました。

数年後、何かの機会に友人からその時のツイッターを見せてもらったことがありました。コメントを見ると実情を全く知らないひいきのひきたおし的なマト外れな石つぶてもいくつかありましたが、もうアカウントそのものも消されているものも多くあって、ＳＮＳの世界というのはあっという間に消えてしまうような、あるようなないようなんとも実体の薄い世界なのだなとあらためて思いました。

現代社会ではあらゆるものが早急に答えを出そうとします。正解、不正解、勝ち組、負け組、敵、味方のように早くどちらかに決めて悩み続けることやあいまいな不安定さから脱兎《だっと》のごとく抜け出そうとします。

一七九五年イギリスに生まれ二十五歳でこの世を去った詩人のジョン・キーツが、二十二歳の時弟に宛てた手紙の中で「ネガティブ・ケイパビリティ」という言葉を初めて記し《短気に事実や理由を求める事なく、不確かさや不可解なことや疑惑ある状態の中に人が留まり続けたことが出来た先にだけ見出されるものがある》。それは「ネガティブ・ケイパビリティ」＝「どうにも答えの出ない、どうにも対処しようのない事態に耐える能力」によって引き出されるものだと書いています。

私は「おかみのひとり言」の手紙の中で「人生には様々なことがありすぐには答えの出ないことにも遭遇します」「今は色んな想いを抱えてそれでも休む間もなく進んでゆかなければなりません」「色んな想いを抱えて進んで参ります」と書いています。

私はこの手紙の中で短絡的な結論よりもネガティブ・ケイパビリティこそが大切なんだということを伝えたかったのです。右か左か、敵か味方かという短絡的な考えではなく、落ち着いてずーっとそのことを見つめ続け、考え続けてから自分の答えに辿り着く事の方が大切なのだと。

よく誹謗中傷をした人が公の場に出されることになった時「よく考えてなかった」

と口にします。そうなのです、誹謗中傷は熟考に熟考をかさねてするものではなく感情、特に怒りによって生み出されているのです。「よく考えてなかった」のあとには「なんとなく腹が立ったから」と続いているのです。

会見から二週間後の十月十一日貴ノ富士から協会へ引退届が出され受理されました。そしてその夜貴ノ富士から親方に電話が入りました。「ご迷惑をかけてすみませんでした」と。親方は「つよし、わかった……わかった……よく（引退届を）出してきたな。もうわかったからな……」と何回も小さく頷《うなず》いていました。

数日後、私はひとりで親方の師匠横綱初代若乃花が眠るお寺の本堂にいました。誰もいない天井の高い広々とした本堂にはたくさんのパイプイスが置かれていて、お香のかおりに包まれながら身じろぎもせず、もう二時間近くもうす明かりの中に浮かび上がる仏様の姿を見つめ続けていました。

ふと「コップの水」という言葉が浮かび上がりました。

貴ノ富士が貴乃花部屋時代に貴公俊という四股名で三月の本場所中に付人に暴力をふるってしまった一回目の暴力問題、この時は自身は一場所の出場停止処分だったのですが、でももうその時に既に「コップの水」は表面張力いっぱいになっていたのだと……出場停止処分あけにまたコップの水がゼロ、或いは半分に減ってなどいなかった事がしみじみわかりました。だから次、二回目のたとえ一滴でもそのコップに落としたら終わってしまうという事だったのだと……。

移籍してきた弟子たちの中で貴景勝は新しい環境を大変前向きにとらえ、柔軟に楽しみ自分の事に集中する力を高めてゆきました。移籍してきたばかりの時はまだ少しヤンチャな若者の面影を残していましたが、大関に昇進してからはその地位に呼応してゆくかのようにみるみる風格が増して特別なオーラを身にまとうようになりました。

人間は人によって性格や性質が全く違います。それはもちろん力士も一緒です。旧貴乃花部屋から彼らは、それぞれの弟子たちの性格や親御さんの緊急連絡先等の申し送りも一切ないまま移籍してきました。その事は社会通念上から見ても極めて異例というか、不責任な移籍であった事は残念ながら否定できない事実であったと思います。

しかしもうこの一連の話も、貴ノ富士が親方にきちんと謝り、親方もそれを受け入れ貴ノ富士をちゃんと赦《ゆる》して終わりを迎えました。

十月二十一日九州場所で福岡に乗り込む前に、親方は都内にあるお寺で親方の兄弟子大関初代貴ノ花の眠るお墓に長い時間手を合わせていました。手を合わせたとたん風が吹いてきて、不思議に大関初代貴ノ花のお墓のまわりにある卒塔婆《そとうば》だけが、ずっと何かを伝えようとするかのようにカラカラと音を立てて風に揺れ続けているのを私は見ていました。

第五章

引越しのタイムリミット迫る中、コロナ禍での相撲部屋探し

——だれかが風の中で

年が明けて二〇二〇年一月三日の初稽古を終えて、稽古場の上がり座敷に新年会のちゃんこの卓が設えられ、力士、裏方、部屋の全員が集まっていました。親方は新年の挨拶とともに、暴力をしてはいけない事を丁寧にわかりやすく云ってきかせていました。では乾杯となろうとした時に私が「私もひと言云ってよいですか？」と親方にたずねました。親方は「いいよ」と言いました。私がこんなことを云い出すのはとても珍しいので、みんなちょっと身構えてしんとしました。私は静かに話し始めました。

「みんなの居場所はひとつしかありません。親方が来る前の千賀ノ浦部屋ももう失くなってしまいました。貴乃花部屋ももうこの世に存在していません。みんなの居場所はたったひとつ、この親方のところしかないのです。親方も私も必死でみんなの居場所を守っています。だからその居場所を壊そうとするようなことは絶対にやめて下さい。もう誰ひとりもいなくなってほしくないんです。みんなの居場所はこの親方のところたったひとつなんです」

話しているうちに感情が高まってしまい、目に涙が溢れそうになりましたが、グッと歯を食いしばって耐えました。

古くなった手帳を開くと、その日手帳には「言葉で伝えることの大切さ」「居場所をひとつにする始まりの日」と記されていました。

振り返ってみると親方と私はいつも居場所のことを考え守り続けてきました。相撲部屋は相撲に関わっているひとたちの大切な居場所なのです。千賀ノ浦部屋、貴乃花部屋、二つの相撲部屋が消滅の危機にひんした時、どちらも親方の口から真っ先に出たのは、所属している力士と裏方の居場所が無くなってしまうことへの心配でした。

相撲界だけではなく人間にとって安心できる「居場所」というのは何にもまして大切なものです。それは「居場所」こそが「生きてゆく場所」となるからです。

みなさんもう忘れてはいませんか？　私にはまだミッションがあったことを……そうです！　引越しをして新しく相撲部屋を作らなければならない大きな大きなミッションがまだ私にはあったのです。私はこの間、様々な出来事に取り組みながらも同時に必死に新しく相撲部屋に出来る物件を探し続けていたのです。そして二〇一八年の夏頃から探し続けてもう一年半の時間が流れていました。この一年半の中でも墨田区、江東区、台東区、江戸川区、中野区、杉並区等で物件を見てまわりましたが、既存のビルの多くの場合は三階建て位のビルだとだいたい上層階を一階の中央の柱でしっかり支える構造になっているので、どうしても一階に稽古場として土俵を創れるスペースが確保できないのです。前夜眠れないくらいに期待で胸をふくらませて当日物件を訪れてみると「土俵が……創れない……」としょげかえって肩をおとすことの繰り返しでした。二所ノ関一門に戻る際にも必ず引越し先を見つけて新しく相撲部屋を構えるというお約束もしていましたし、前の千賀ノ浦親方とも五年限りで必ず元々のうちの名跡である「常盤山」を戻して頂いて、関係をきちんと解消するという取り決めもありました。二〇二〇年はもうその最後の一年だったのです。そしてその最後の一年は、まさにコロナと共にやってきたのです。

年明けにちらほらと新型コロナウイルスのことが話題になり、一月場所は通常通りに本場所が開催され、相撲界ではまだ場所中の外出禁止令等も無く、千秋楽パーティーも普段通りにホテルで開催出来ていました。しかしこの一月場所千秋楽パーティーを最後に、それ以降は二年五ヶ月に亘って千秋楽パーティーはストップしてしまいました。二月に入り感染者が急増し、三月大阪場所は観客を一人も入れない無観客場所で迎えることとなり、場所中の三月十一日にはWHOからついに新型コロナウイルスのパンデミック宣言が出される事態となりました。

この三月場所では隆の勝が十二勝三敗の好成績で初めての三賞、敢闘賞を受賞することが出来ましたが、決まっていた三月場所後の春巡業は中止となり、四月七日には政府から「緊急事態宣言」が出され、不要不急の外出を控えることが国民に周知されました。

ジュー、ジュワー、その日私はステーキを焼く油にまみれていました。一枚三〇〇グラムのステーキを二十四枚レアで焼き上げなければなりません。ガーリックライスと副菜のトマトとブロッコリーサラダ、玉子焼き、アスパラの生ハム巻きはもう出来上がっていて、あとはひとり黙々とお相撲さんは一人二枚は食べるステーキを焼き続けるだけでした。四月に入ってから相撲界も病院、整体、短時間の買い出し以外は外出禁止となり、外部の人との接触も避けるように指示されていました。悲しいかな私は近所に部屋を借りている外住みの身なので、部屋に通うことも控えるようになり、基本相撲部屋の中に入ることが出来なくなってしまいました。それで部屋に住んでいて外に出られなくなった親方、力士、裏方たちのために、休日の前日、洗い物もせず食べられるようにとお弁当を作って差し入れることにしました。冒頭のステーキ弁当は一番人気で、親方がお弁当を食べ終わった後、皆んながスマホの音楽とマイク型カラオケでGReeeeN《グリーン》の『キセキ』をハイテンションで熱唱しているカラオケ会の様子を動画で送ってくれたりしました。おにぎり弁当は二升の米を炊いて、鮭まぜ、ツナマヨ、たらこクリームチーズ昆布、梅、筋子等四十個位のおにぎりをひとり黙々と握りまくって作りました。副菜は新たけのこのわさびマヨ醤油和えや焼き鳥を百本差し入れたり、またお世話になってきた飲食店の方に応援の意味も込めて発注して、色々とおかずを作って頂いて部屋に持って行ってもらったりもしました（写真は私の手作り弁当の一部です）。

　五月四日の「緊急事態宣言」の延長を受けて、五月場所の中止も決定されました。五月二十五日に「緊急事態宣言」が解除されて五十日ぶりにお弁当を持って部屋に入

著者の手作り弁当の一部

って皆んなの顔を見る事が出来た時は、本当に嬉しかったのを覚えています。親方と晩酌しながら皆んながお弁当を食べている姿を見ていると、ついつい幸せでお酒がすすんでしまって「おかみさん！　焼酎ほとんど水入ってないやないですか。イチキュー（一対九）ロックの、いや、それもうほぼれんと（焼酎）ですよ」と冷やかされたりして、私は嬉しいとすぐ涙目になってしまうので、泣き笑いみたいになってしまいました。それと同時に早く皆んなと住める相撲部屋を見つけないと、という決意をさらに強くしました。

その頃はなかなか既存のビルだけでは難しいと感じ始め、親方を通じていくつか既に使われていない相撲部屋や、もしかしたらもうしばらくすると使われなくなるかもしれない相撲部屋などにご相談に伺ったりしたりもしましたが、住み慣れたところに住み続けたいとお考えになっていたり、既に売却されてマンションに建て替えられる等、様々な事情で話が進むことはありませんでした。

親方は「コロナ禍での相撲部屋運営」という初めての難しい事態への対応に追われ

ておりましたし、また、番付発表からその本場所の千秋楽までは一ヶ月間一切の外出は禁止でしたので、気がつけば新しい相撲部屋探しは全ておかみである私の肩にかかっていました。

「石にかじりついてでも、何とか私が新しく相撲部屋を構える事が出来る場所を探さなくてはならない。私一人でもやり遂げなければならない……」

その頃、一喜一憂する物件探しの中で、私が心の支えとして聴いていた曲、たぶん三〇〇回以上聴いていたのが、上條恒彦《かみじょうつねひこ》さんの『だれかが風の中で』という曲です。市川崑《いちかわこん》監督の『木枯し紋次郎』という時代劇のテーマソングで、作詞は市川監督の奥様だった脚本家の和田夏十《わだなつと》さん、作曲は小室等《こむろひとし》さんの名曲です。

物件がダメになると、文机の前に正座して、小型スピーカーでこの曲を流します。イントロもとてもかっこいいのですが、私は目を閉じてそのイントロの中で襲いかかってくる架空の敵を何人も迎え討ちます。もちろん峰打ちでです。イントロの中で一人、二人、三人……が私の峰打ちでドサドサ倒れてゆきます。どうしても決めたかった物件が一ヶ月半心待ちにしてダメになった時は、私の心の中の何かがピークになったのか、イントロの中だけで二十四人の架空の敵を討ち果たしました。一番も素晴らしい歌詞なのですが、私のその時の気持ちにピッタリした二番の歌詞を引用させて頂きます。

どこかで　だれかが　きっと待っていてくれる
血は流れ　皮は裂ける　痛みは生きているしるしだ
いくつ峠をこえた　どこにもふるさとはない
泣くやつはだれだ　このうえ何がほしい
けれども　どこかで　おまえは待っていてくれる
きっとおまえは　風の中で待っている

《痛みは生きているしるし》《いくつ峠をこえた》
《どこにもふるさとはない》《このうえ何がほしい》

何がほしいと上條恒彦さんが突きつけるように熱唱されると、私は心の中で「常盤山部屋としての相撲部屋!!」と熱く答えていました。いや、何度も何度も声に出して云っていました。

「けれども　どこかで　おまえは待っていてくれる　きっとおまえは　風の中で待っている」。私が決して諦めず一歩ずつ一歩ずつ進んでゆけば、きっと私は《おまえ》＝《相撲部屋を作れる約束の場所》を必ず見つけ出すことが出来る。なぜなら《おまえ》はどこかで風の中できっと待っていてくれるのだから……。何度も繰り返しますが、私は子供の頃から心に決めたことを諦めたことがないのです。そして、その心に決めたことは、自分だけのことではなく利他によってでなければならないと、なぜか子供の頃から、自分が自分の中のルールとして決めていたのです。

五月場所中止の後、本来なら名古屋で開催される七月場所も、一週間遅れで人数制限や様々な規制対策を設けての東京開催となりました。その間ずっとひと月おきに一ヶ月単位での外出禁止は続いていました。九月場所は大関貴景勝は十二勝三敗の好成績を上げ、また隆の勝も十勝を上げ次の十一月場所での初めての三役昇進を確実なものとしてくれました。

秋が来て、うちの親方が師匠として五年間だけ千賀ノ浦部屋を引き受けることを了承したゴールが迫ってきました。元々のうちの名跡「常盤山」に戻る事は大変な喜びでしたが、常盤山部屋を新しく創設するためにはなんとしてでも引越し先の相撲部屋が必要でした。なぜなら、台東区橋場の部屋は持ち主である前の親方が他の相撲部屋への売却を既に決めていたからです。もう引越ししなければならないタイムリミットのカウントダウンは始まっていました。この頃の手帳を見てみると「眠レズ」「ほとんど眠レズ」としばしば書き込まれています。そして十月二十日眠れぬままネットで一晩中物件探しをしていたところ、両国近くの一つの物件に目がとまり、翌朝その物件を管理していた不動産会社に連絡し、物件を下見出来ることになりました。その物件を見る前にいくつか他の可能性のある物件についても相談しようと、御茶ノ水にある不動産会社の事務所を一人で訪れた時、担当してくれた店長さんと話をするうちに不思議なことに「このひとだ。このひとが必ず紹介してくれる」という確信のようなものが湧いてきたのです。それまでも何十件と不動産会社に行きましたが、皆これこれこのような条件で予算はこの位でと提示すると、始めから必ずその予算よりも少し高い物件、あるいはかなり高い物件を提案してくるのが常でした。

しかし、この店長は全て私が提示した予算内の物件、あるいはそれよりも少し安い物件を提案してきたのです。私は直感でこのひとは信用できると判断しました。その日見に行った物件は両国国技館にも程近いワンフロア貸し切りの広いマンションでした。引越さなければならないタイムリミットが決まっていたので、とりあえず宿舎として使える広いマンションを借りて、稽古場としての土俵は今は使われていない既存の土俵をお借りするか、また別にスペースを借りてプレハブに土俵を創って宿舎と稽古場の二本立てでスタートして、その間にまた正式な引越し先を探すという一時的な措置をとろうと考えたのです。以前に何人か最初はそのような二本立てのスタートで相撲部屋を始められた親方がいらした事を見聞きしたことがあったからです。

幸いすぐに広いマンションは相撲部屋の宿舎として使用するということにも了解を得られ、ついにとりあえず辿り着けたのかと思いました。その頃の手帳には「朗報

‼」「夕方宿舎決定‼」の太文字がどちらも二重ビックリマーク付きで記されていました。しかしその数日後、念の為に親方が二本立てスタートの事を二所ノ関一門の親方数人にご相談に行ったところ、宿舎と稽古場は同じ建物内でなければならず、別棟は今は認められていないというお答えだったのです。規約が改正されていたのです。

十月三十一日、私は夜空にぽっかりと浮かぶ二〇二〇年にはこの日だけに現れた大きなブルームーンをひとりまばたきもせず見つめていました。月の満ち欠けに敏感なアナログおかみは心の中で月に話しかけていたのです。

「規約……改正……って何なんですか？　なんでそれが今なんですか？　少しくらい猶予くれたっていいじゃないですか。だいたい歴史の中で何人くらいおかみがたったひとりで相撲部屋創ったんですか？　絶対に十人もいないと思いますよ。いや、もしかしたら私ひとりかもしれない。相撲部屋……土俵があって、大勢で暮らせるところ……ありそうでなかなか無いんですよ。私本当に一生懸命探してたのお月様見ててくれましたよね……」

この日はベランダでお月様に話しかけただけでは足りず、本宅の玄関内正面にある坪庭に飾ってある親方の師匠である横綱初代若乃花の大きなパネルの前に正座してさらにこう続けました。

「親方ひどいじゃないですか。うちの親方、本当に自分の事は後まわしで弟子たちを大事に大事に育ててるんですよ。これからも育て続けるための居場所なかなか見つからないじゃないですか。親方なんで助けてくれないんですか。なんでですか。こんなにがんばっているのに……」

もういつのまにか秋も深まってきていて、私はその日ワインを浴びるように飲んで倒れるように布団にくるまりました。

翌日の十一月一日朝、先の店長から物件の情報が入りました。物件の場所を本場所のために年間四十五日間だけ通う両国付近に限定せず、東京二十三区内ならどこでも大丈夫ですと前日にメールしていたのです。店長がメールで送ってくれたいくつかの物件の中にひときわ輝いている物件がありました。地下一階地上四階建ての一棟ビルです。広さは充分でしたが、一番の気がかりは稽古場を創らなければならない一階の構造です。場所は板橋区ときわ台。池袋駅から東武東上線で八分というとても便利な場所にありました。是非内見させてほしい旨を店長に伝えて、翌々日の十一月三日に現地にオーナーさんもいらして物件を内見出来る事になりました。

十五時の待ち合わせに親方と車で向かう途中、常盤台という町名のプレートを見て親方が「わーっ、常盤台だ。常盤って字も一緒だよ！　ここなんじゃない、縁があるんじゃない」とはしゃぐ様子を見て、何度も何度も何度も一緒に物件の一階を見てしょげかえり続けたことをこのひとは忘れていると思い、私はつとめて平静に期待をしすぎないようにしていました。

物件は元々建材を扱う会社のビルだった建物で、一階にはまだ重機やトラック等も停められていました。天井は高く一階半分位あり、屈強な鉄骨で造られていました。一階の柱は……ありました。三本の大きな鉄骨の柱に支えられていました。私は条件反射ですぐにシュンとしょげかえりました。しかし念の為に土俵が取れるかどうか測ってみようということになりました。

測ってみると柱に邪魔されることなく、直径四・五五メートルの丸い土俵がすっぽりとその場所におさまるスペースがありました。

今でもこの一階の稽古場はかなり広く、土俵まわりでは四股やすり足などを複数でも充分に行える場所もあり、土俵下では筋トレのためのトレーニングスペースもしっかり確保され、東西南の三面の窓と、南北二面の開閉シャッターにより、明るさと風通しの良さも備えて、稽古場の広さそのものはきっと四十五位ある相撲部屋の中でも上位にくるのではないかと云えるくらいの自慢の稽古場を創れる物件に、この日ようやく出会うことができたのです。

一棟建てビルの地下三十九坪、一階四十五坪、二階四十五坪、三階三十九坪、合計建坪百六十八坪程もある建物は内見した時には、まさに新しく内装をリフォーム中でトイレも五つあり、全てが完備されたまさに大人数で生活する相撲部屋に適した物件でした。

ようやく辿り着けたかもしれないという胸の高まりをおさえながら、しかし興奮をおさえ切れずに、この物件のオーナーに「ぜひこちらを相撲部屋として貸してください」と頭を下げました。頭を上げると七十代位の男性オーナーは柔和な微笑みを浮かべて、少し青森なまりで話して下さいました。

「私は横綱の初代若乃花の出身地の青森の弘前市の隣村の出身で若乃花の大ファンなんだよ。若乃花は地元の大英雄だからね。親方は元隆三杉関でしょ、知ってるよ。若乃花の二子山部屋のお弟子さんだもんね。いいよ。ここが相撲部屋になるんなら楽しみだ。相撲大好きだからね。応援しますよ」

私は鳥肌が立っていました。不思議な事が起きる時は、まるで突然時空が少し変わったような感覚になる時があります。私は親方の師匠「土俵の鬼」と呼ばれた横綱、初代若乃花が本当に私たちを助けてくれたのだ、ここに相撲部屋を導いてくれたのだと強く思いました。暑い日も寒い日も必死にあちこち探し歩いていた間も、ときわ台のこの場所は、やがて相撲部屋になるべく道を歩み続けていてくれていたのです。絶対に諦めなかったから、二年四ヶ月かかって、やっとその約束の場所に辿り着けたのだと心から思えました。本当に風の中で《おまえ》は待っていてくれたのです。

「あなたはどうして諦めずにいられたんですか？」と聞かれたら、
私は「信じているからです」と答えます。

「何を信じているの？」と聞かれたら、

「目に見えないなにか大きなもの、言葉にするならば、なにか宇宙みたいなもの」

と答えます。

私は子供の頃から「なにか宇宙みたいな大きなもの」のことをずっと考えて生きてきました。私は特定の宗教を持っているわけではありませんから、無宗教者だと云えると思います。幼稚園の頃の写真は仏教系でしたから「南無《なむ》」と手を合わせています。学業を経て卒業する時にはプロテスタント系でしたから、クリスマスイブのミサで同級生たちと「ハレルヤ」を高らかに唱い上げています。七五三は神社に詣で、仏壇の横で「メリークリスマス！」とシャンメリーでカンパイするようなふへんてきなあたたかい日本の家庭で育ってきました。大正生まれのモダンなおばあちゃんは「神はかもうな（かまうな）仏はほっとけ」とか云うひとで豪快なひとではありましたが、二歳児の私はおばあちゃんに背負われておばあちゃんの耳たぶを自分の行きたい方向に引っ張りながら、困ったひとだなと思っていました。宗教ではなく「なにか宇宙みたいな大きなもの」は、しかし私の心から決して消えることはなく、ずっと私の心の中で一緒に生き続けてきました。

それは一種の畏怖《いふ》の念（偉大なものに対して畏《かしこ》まって敬う気持ち）に近いものでした。

では「どうしてなにか宇宙みたいな大きなもののことを考えていると諦めなくなるの？」と聞かれます。

そうしたら私は「諦めずに進んでゆけば、宇宙みたいな大きなものがきっと諦めなかったことを叶えてくれることを信じているから」と答えます。

真剣に諦めずに、一歩一歩進んでゆく中で、やがてたくさんあった雑念は必ず淘汰《とうた》されてゆきます。熟考に熟考を重ねていると諦めずに叶えたかったことがツルツルに磨かれて、とてもシンプルになります。私の場合は手帳にこう書いていました。「全体が幸せでなければ意味がない。みんなで幸せになれる居場所を探す」。こんなシンプルな目標になってしまうと、もう絶対に諦められない。叶えるためには石にかじりついてでもやり遂げるしかなくなってしまうのです。

《手放す、止める＝諦める》《手放さない、続ける＝諦めない》私はこの二つの選択であれば、子供の頃から必ず後者を選び続けてきたのです。

その日二年四ヶ月の旅を終えた木枯しおかみ紋次郎は、使い慣れた文机の前に座っていました。目の前にはピカピカに光る「事業用建物賃貸借契約書」がありました。文机に置かれた小さなスピーカーのボタンを押して目を閉じます。私の愛するテーマソング『だれかが風の中で』のイントロが流れます。カキーン、カキーン、いつもなら迎え討つ敵が次々と現れ、木枯しおかみ紋次郎の峰打ちがサクレツします。しかし、今日は一人も現れないのです。浮かんでこないのです。イントロのラストの方で、不思議なことに一人だけ現れました。それは私でした。その私は「相撲部屋は両国近辺でなければならない」という固定観念にしばられていた私でした。あんまり眠れていないのでしょう。疲れて結んだ髪もボサボサで苦しそうな顔をしていました。私はその私の前に立ち、そっと抱きしめて、こう云いました。「大変だったね。お疲れさまでした。大丈夫だよ。見つかったよ」と……。抱きしめた私は私の中にフッと溶けてゆきました。とたん、私の目からものすごい量の涙が溢れてきました。大粒の涙がほおを伝いつづけ、私は『だれかが風の中で』を深い安堵《あんど》の気持ちで、その夜何度も何度も繰り返し聴き続けていました。

それから一週間もたたずに十一月本場所が始まりました。コロナ禍の為、名古屋場所に続いて本来福岡で開催されるはずの九州場所も東京で観客入場者数の制限、マスク着用、歓声、声援禁止等の様々な規制を設けての開催となりました。

この東京で行われた十一月場所で大関貴景勝が十三勝二敗の成績で二年ぶり二度目の幕内最高優勝を果たすことが出来ました。私は着物を着て、部屋関係者だけでの千秋楽準備の為一人で部屋で待機しながらその様子をテレビで見つめていました。優勝が決まった瞬間、「長かったね……ほんとうによく我慢してがんばったね……二年……ほんとうに長かったね。良かったね。とても誇らしい……」と涙を流していました。

表彰式の中でNHKの優勝インタビューに貴景勝は次のように語りました。

「大関に上がってからあんまりいいことなかって……（観客から拍手）精神的にももうひとふんばりしなきゃいけないないなと思ってて……こういう結果で終われたことをほんとうに嬉しく思っています。（大拍手）」

インタビュアー「優勝を決めた瞬間、少し表情が崩れたように見えたんですけど、色んな想いが込み上げてきたんでしょうか？」

「そうですね……一人で……一人では優勝できなかったし、自分が調子悪い時でもどんな時でもふところで守ってくれた親方、おかみさんはじめ、部屋のみんな、普段から自分をサポートしてくれるみなさんのおかげで、こういう成績が残せたと思っていますんで、本当に感謝の気持ちです。ありがとうございます」

《自分が調子の悪い時でもどんな時でもふところで守ってくれた親方、おかみさん》

その《ふところ》という言葉を聞いた時、また胸が熱くなり涙が溢れてきました。貴景勝はわかっていてくれたのだと……。

貴景勝は私が間近で接することの出来たたくさんの横綱や大関の中でもひと際異彩を放っているように見えました。異彩とは他に類を見ないということです。世間的によく知られている貴景勝のイメージは、無類の稽古熱心、徹底したストイックさ、激烈な闘争心、突出した負けず嫌い……。

それらももちろんあります。しかし私が貴景勝と間近で接した時、私はいつもそれらとは違うものを貴景勝の中に見ていました。

言葉にするなら、それは「静かに澄み切っているもの」です。僧侶、それも高僧のたたずまいを強く貴景勝に感じるのです。貴景勝は嘘が嫌いです。嫌いというよりも「嘘」のような邪念を自分の中に入れさせないと決めているように思えるのです。

親方はいつも貴景勝のことを「(弟弟子たちに厳しく稽古でハッパをかけている時も)あいつの言葉には厳しさの中に《情》がある。だからいいんだ」と褒めます。

この優勝の時「ふところで守ってくれた」と口にした貴景勝は二十四歳でした。あきらかに貴景勝は異次元を生きているのだとあらためて思いました。

そうです、親方はいつもどんな時でも弟子たちを自分のふところに入れてずっとかばってきたのです。私が一人で相撲部屋探しをしていた時も、親方はじっと弟子たちを時には厳しく、時には優しく見守り育み続けていました。

以前に私は親方が歩くお地蔵さまのように見える時があると云いました。地蔵菩薩は古代インド語で「クシティ・ガルバ」、クシティは大地、ガルバは胎内という意味。生きものを生み出す大地とその生まれてきたものを自分の中に、胎内に、ふところに入れて大切に大切に育てていく姿……私はその地蔵菩薩の精神、心を親方の姿に見るのです。

私と親方の性格はあまり似ていないかもしれません。むしろ普通には正反対の性格のように見えるかもしれません。しかし、親方も私も形は違っても「諦めない流儀」を確かに持っているのです。

そこに貫かれているのは《利他の心》です。人は自分の事、自分の幸せだけを考えている時は雑念に満ちています。その雑念はやがて利己主義＝エゴへと成長してゆきます。現代社会ではまちがいなくエゴが活性化されて、自分の事は人一倍守るけれども他人を傷つけることは構わないと考える人も増えています。そしてそのような人たちは一様に自己を反省をする力が極端に衰えています。自分の事だけを考えて生きる姿は浅ましいものです。私の考える《利他》とは、高尚でも難しいものでもありません。自分がこれが幸せだなと思えることがあれば、それを一人占めしようとするのではなく、なるべくたくさんのひとと分かち合おうと努力をすることだと思っているのです。

「幸せというのは分ければまた増え、幸せの泉というのはくみ出せばまたどんどん溢れてくる、湧水のように」私には思えるからです。

《全体の幸せを考えた時に、ひとは本当の幸せに辿り着くことができる》

私は子供の頃からそれをずっと忘れずに生きてきたのです。

貴景勝が大関になって初めて二年ぶりの幕内最高優勝を果たした十一月場所が終わった四日後の二〇二〇年十一月二十六日、当初から五年（正確には四年八ヶ月）で元に戻す取り決めがあった「常盤山」の名跡を元に戻すことが理事会で承認され、うちの親方は晴れて「第十七代常盤山」に戻ることが出来ました。

全体の幸せを考えた時に、
ひとは本当の幸せに辿り着くことができる

第六章

「常盤山部屋」創設

――目ではみえないなにか

十二月に入ると、相撲部屋としての工事が急ピッチで進められてゆきました。私と姉は子供の頃から両親の美学？　で、運動する時以外日常生活をジャージで過ごすことはダメでしたが、相撲部屋創りはもうこれは完璧にハードな運動だとの認識で、私はここから二ヶ月半ほどの間ずっとネットで購入した二着のジャージを着まわして、ほぼ毎日ジャージで飛びまわっていました。私のジャージ姿がよほどめずらしかったのか隆の勝は目をみはって「わー!!　ジャージ着てる!!」と、いつもはジョアン・ジルベルトのボサノバみたいに、ポソポソしゃべるウィスパーボイスを大きくはりあげていました。

部屋作りの工事にたずさわって下さった方々は、皆さんもう二十年、三十年とお付き合いのある工務店さんとその職人さんたちですので、安心してお任せすることが出来ました。

みなさん、部屋のために私が最初に買い物したものは何だと思われますか？　私はまず最初にこれを揃えたかったのです。正解は……？　食器です。お相撲さんにとって稽古をする事はもちろん、食べる事もとても大切なことです。相撲界には「ちゃんこも稽古のうち」という言葉もあるくらいです。私は浅草でいくつものお店を回ってカラフルな食器を山のように買いました。その食器のほとんどはプラスチック製です。いくつか陶器のものもありますが、いつも裸足で生活している力士が、万が一でもガラス片や陶器片を踏んで足を怪我することがない事を第一に考えました。

四十五の相撲部屋があれば、四十五通りのその部屋のそれぞれの方針があると思います。親方と私が目指したのは、なるべく「普通の家庭で暮らしているような相撲部屋」です。よく皆さんから「常盤山部屋は雰囲気が良いですね」「すごくアットホームな感じがします」と云って頂けます。親方と私は最初から家庭的な雰囲気を大切にした部屋を創りたいと願っておりました。

早い子だと十五歳で中学校を卒業してから相撲部屋に入門してきます。うちの弟子たちは、十八歳で高校を出てからの入門が三名位で、あとは皆んな中学を出て、十五歳で相撲界に入ってきた子ばかりです。十五歳で相撲界という厳しい特殊な世界に飛び込んできて、その日から慣れない場所での共同生活が始まります。朝七時に稽古場に下りて十一時半位までが烈《はげ》しい朝稽古です。その後関取衆が先にお風呂に入り、師匠と一緒に裏方の世話人さん二人が作ってくれたちゃんこを食べます。その間関取の付人をしている者は、関取の身の回りのお世話をします。関取のお世話が一段落したら順番にお風呂に入りちゃんこを食べます。その後後片付けをして昼寝をします。十六時には起きて掃除をし、ちゃんこ番は交代で夜のちゃんこ作りに取りかかります。

入門したばかりの時は、ご飯を炊いたこともなかった子もいますが、まわりの兄弟子たちに教えてもらって、段々ちゃんこも上手に作れるようになってゆきます。ある新弟子が入門して半年位して地方にある実家に里帰りした時などは「実家にいた時は何もしなかった子が、自分でさっさと洗濯もして、ご飯を炊く支度をして、何か作ろうか？　と云ってくれた」とお母様に大感激されたこともありました。皆んな十代の多感な時期ですので、なかなか口に出して素直には云えませんが、離れて暮らしている御家族、特にお母様に対しては特別な想いを持っていることは、弟子たちのちょっとした言葉のはしばしから伝わってきます。私は弟子たちの御家族とメールで連絡を取り合うのが楽しみです。

「褒めて励まして才能を伸ばしてゆきましょう！」「なんとしてでも上にのぼっても

らいましょう！」「お家に帰ったらたくさん褒めてあげてくださいね」や怪我で足踏みが続いている弟子の親御さんには、「（休場明けの白星に）涙が出ました。とてもいい相撲でした。これからも一歩一歩頑張ってゆきましょうね。新しい章の始まりです！」と送ります。ほんとうはきっと一緒に暮らしたいはずなのに我が子が選んだ道を見守って一生懸命応援している親御さんのことを思うと、親方の弟子としてお預かりしている間は血のつながった家族ではない、いや、ないからこそできるだけ家庭的な環境の中に置いてあげたいと思うのです。

厳しい稽古に耐えている彼らだからこそ、日常生活では少しでも淋しい気持ちになってほしくないと親方と私は考えているのです。

「家庭的」って一体何でしょう？　私の考える家庭的とは、

①まずなるべく笑顔をたやさないこと。
②ささいなことでも笑顔で話しかけること。
③おなかいっぱいごはんが食べられること。

④好きな時間にシャワーが浴びられること。
⑤美味しいものはみんなで分け合って食べること。
⑥清潔なお布団に眠ること。
⑦良いところを見つけたら褒めてあげること。
⑧病気の時は優しくすること、消化に良い食べ物を作ること。
⑨良くないことはきちんと叱ること。
⑩気をつけて行ってらっしゃいと声をかけて、
帰ってきたら笑顔でおかえりなさいと云うこと。

私を育てる時に私の母が私にそうしてくれたように、家庭的な日常とはそんな何気ないことをコツコツずっと繰り返すことのように私には思えるのです。

四十五の相撲部屋があったら四十五通りのやり方や方針が存在します。昔ながらの縦社会を重んじ、厳しい規律を今も大切にされている部屋もあります。それももちろん尊敬すべき素晴らしい事だと思います。

どんな相撲部屋にしてゆくかは、その部屋の師匠である親方の資質が大きく反映されているのだと思います。うちの親方の口癖は「稽古は厳しく、日常生活は和気あいあいと」です。自分の新弟子時代の昭和の頃は稽古はもちろん日常生活も大変厳しかったそうです。目の前にいる弟子を、全て若き日の自分と重ねあわせる《同一力》の強い親方だからこそ、相撲部屋での日常生活が自分だったらと「家庭的」であることを望んで、それを実現させたいと思ったのかもしれません。

日常生活の中でささやかなことですが、私のとても好きな瞬間があります。親方と近所に食事に行った帰り、弟子たちにアイスクリームやハンバーガーをお土産に買って二階に持っていくと嬉しそうに皆が駆け寄ってきて、その姿を見て親方が思わず「かわいいな」と呟いてしまって、あわてて「かわいくねえよ」と取り消して皆で大笑いする瞬間です。私は何気ないこんな瞬間をいつまでも大切に覚えているんだろうなと時々思うのです。

年が明けて二〇二一年になり、正月明けの工事再開でついに縦六・八メートル横十一・五メートルの土俵枠が出来上がり、一月二十二日には部屋の行司木村秀朗《ひであき》に書いてもらった「常盤山部屋」の大きな木の看板と、立派な鉄砲柱が長年のお付き合いのある群馬県の老舗材木商様より寄贈されました。

一月場所では、貴健斗が西幕下筆頭で五勝二敗の成績を上げて、次の三月場所での十両昇進を決め、ついに初めての「相撲でメシが食える」関取の座を手にしました。

二月六日には国技館の土俵にも使われている荒木田の土を入れる土入れ作業が行われ、中一日をおいて八日には他の部屋のたくさんの呼び出しさんたちにも来て頂いて、盛大に土俵築《つ》きが行われました。

このときの手帳を開いてみると、なぜかやたらと親方と焼肉を食べに行っています。ジャージ姿で焼肉屋でホルモンや町中華のニンニクたっぷりスタミナ餃子を食べながら、現場監督おかみとして図面や書類でパンパンになったカバンを抱えて相撲部屋に必要なものをひとつひとつ集めて「常盤山部屋」を創ってゆきました。


〜常盤山部屋創設〜

「オーライ！」「オーライ！　オーライ‼」ついに待ちに待った、板橋区ときわ台のビルに「常盤山部屋」の看板を掲げる日、二月十六日大安がやってきました。トラックに積み込まれたたくさんの荷物が新しい部屋の中に運び込まれてゆきます。古い布団等はこの日までに全て処分が完了していました。今日からは全て真新しいものに囲まれて新しい生活がスタートします。

写真はこの日に合わせてお願いしていた「常盤山部屋」の看板が取り付けられるのを見守る親方の笑顔です。マスク越しにも全身から溢れる嬉しさにみなぎっている様子が見てとれます。

板橋区前野町に創設された「常盤山部屋」は東京二十三区の板橋区では初の相撲部屋です。最寄り駅は東武東上線のときわ台駅。ターコイズブルーのレトロな駅舎北口から徒歩だと十五分位。駅前から部屋の前まではバスも走っていて、部屋の前には力士たちの大好きなコンビニエンスストアもあります。町の人たちはとてもフレンドリーで、初めての相撲部屋をとても温かく歓迎して下さいました。また、このときわ台には、グルメなお店も大変多く、部屋の隣の隣の「鮨サロン怜竜」さんからは、コロナ禍で外出出来ない頃にはたくさんのお鮨の差し入れを頂いたり、人を呼んでの千秋楽パーティーがストップしていた頃は、お店に部屋の関係者だけを招待して下さり貸切りで千秋楽の打ち上げ会を開いて頂いたりもしました。他にも美味しいお蕎麦《そば》屋さんや老舗イタリアン、昭和の香り漂う洋食屋さんや食堂に町中華、活うなぎを捌《さば》いてくれる小料理屋さん、もちろん力士たちが大好きな焼肉屋さんもあります。

親方は可愛いキャラクターが描かれたTシャツが大好きなのですが、そんなキャラクターたちが描かれた5LサイズのTシャツが豊富に買える某大手衣料品店も部屋から歩いて行けるところにあります。ある時私が「親方はどうしてキャラクターが描かれたTシャツが好きなの?」と聞いてみたことがあります。親方の答えは「キャラクターがいたほうが楽しいから。無地だと淋しいよ」でした。相撲好きの方なら、親方のキャラクターTシャツ姿を色んな場面で見たことがあるかもしれませんが、親方が持っているTシャツの九割以上がそうなので、例えば記者の方にインタビューを受けて深刻な話をしているにもかかわらず、親方の深刻な顔の下に「ドラえもん」や「スヌーピー」がいたり、また大関貴景勝の結婚報道の時には、直撃された記者の質問に

常盤山部屋

常盤山部屋

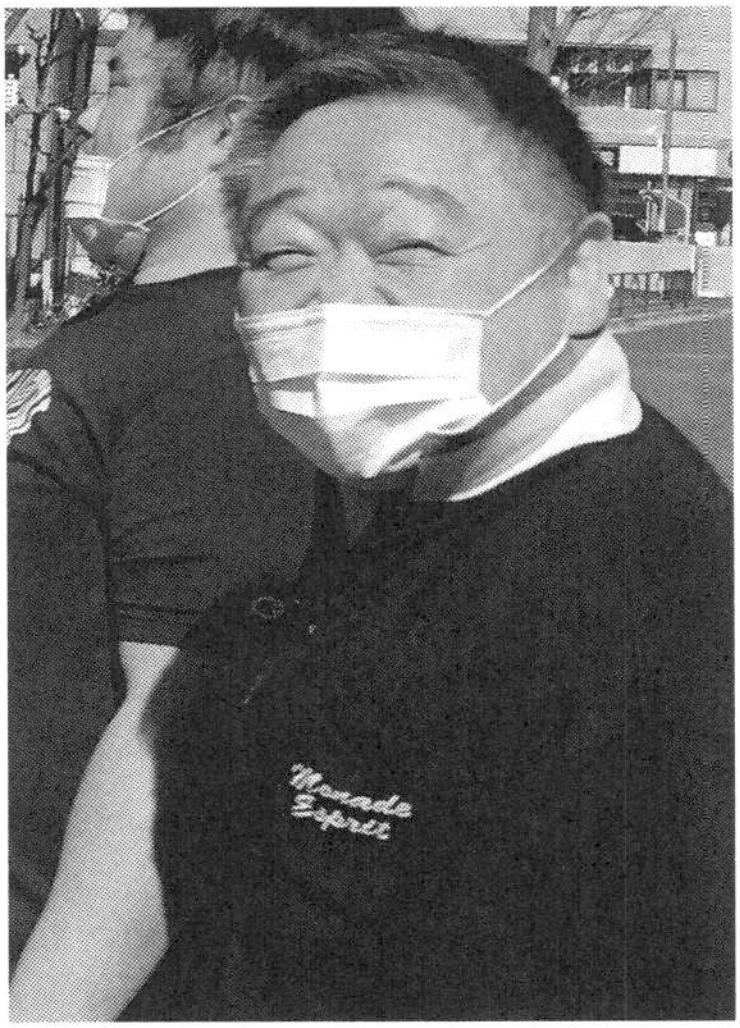

淡々と答えているにもかかわらず、着ていたTシャツがゲゲゲの鬼太郎ファミリーのもので、Tシャツに描かれた驚いた顔の砂かけばばあと妖怪アンテナをピンと立てた鬼太郎が直撃取材に驚いているように見えてしまって、私も思わず笑ってしまいました。

引越しの日、力士、裏方全員が夕方には集まって二階にあるちゃんこ場で引越し祝いの夕食会をしました。この日は親方が現役の時からお世話になっている横浜のお鮨屋さんから六十人前の特上にぎり鮨と鯛のお祝いが届けられました。

現役時代から親方も私も「縁」というものをとても大切にしていて、一度縁が結ばれた方とはその後何十年も永く大切に今もお付き合いをさせて頂いています。

相撲界ではよく「髷《まげ》がある時にはたくさん人が集まってくれるけれども、髷を切ったとたん離れてゆく人もたくさんいる」と云われる事があります。でも、親方は髷があった時も、また髷を切った後もほとんど離れてゆかれた方を見たことがありません。今でも有り難いことに皆さんとずっとお付き合いをさせて頂いています。

その何十年にもなる長いお付き合いの中では、やがて天国へと旅立たれる方もいます。私は天国に旅立たれた永くお付き合いのあった方のお通夜や葬儀の時に、親方が涙を流しながらその方の頬や手を親方の大きな手で優しくなでる姿を何度も見てきました。旅立たれた方のご家族も「あなたの大好きな親方が来てくれたよ！」と声を掛けられます。

第四章に登場した弟弟子の元新花山《あらたかやま》の千葉公康さんは二〇二二年の二月に五十七歳の若さで天国に旅立たれました。現役の頃は毎年大晦日をわが家で過ごす程家族同然の仲でした。親方の考えで毎年五月場所の国技館に掲げられる「常盤山部屋」の部屋幟《のぼり》は今も「贈千葉公康」の名前が染め抜かれています。それは若くして旅立った弟弟子への兄弟子隆三杉の思いのあらわれなのだと思います。「ずっと忘れないよ」という……。

「常盤山部屋」の師匠である親方はまさに「情」のひとだとずっと側で見てきた私は思います。ほんとうに芯まで優しい人なのです。しかし、優しい人の前には時にはその優しさを自分の利に都合の良いようにしようと考える人間も現れます。相手は自分が強い態度を取れば、優しい人が必ず我慢して損をしても一歩引く事を知っていて、それを利用しようと考えているのです。

しかし、私はこれもまた子供の頃から「善人がひどい目に遭うこと」を見て見ぬふりをしてきたことはないのです。「ルミちゃんは子供の頃から間違ったことがキライだもんね。全然変わらないね」と姉からお墨付きをもらっている私は、今までも当然のように親方を取り巻く様々な場面で、おかしな事にはそれはおかしいという事をハッキリと口にしてきました。そしてそれが何故おかしいと思うのかという理由も、言葉でちゃんと相手に説明して、様々な危機を回避してきました。

お相撲さんは早ければ十五歳から一般社会を離れてこの相撲界という特殊な世界の中で生きてゆくことになります。だからどうしても世の中の悪い人間に対しておっとりしているというか、疎《うと》くなってしまうことがままあります。口甘く、巧みに近づいてくる人をスッと信用してしまうところがあるのです。だからこそ、関取の奥さんやましてや相撲部屋を一般人パワーの細腕で支えるおかみさんなどは、必然的に大切なものを守るために強くならざるを得ないのです。相撲部屋のおかみさんあるあるではないのですが、時々他のお部屋のおかみさんとお話ししたりすると、「親方はいつもいい人って云われて、でもおかみさんはキツいとか厳しいとか云われて……損な役回りですよね……」という話になります。本当にそうです。だからこそ藤沢周平氏の隠し剣シリーズの秘剣を伝授されて家を守る女主人公に自分を重ね合わせて、○○家、うちであれば「常盤山家」を誰にも気づかれないように、全力で守ってゆくしかないのです。千秋楽パーティーや昇進伝達式で着物を着た華やかな姿こそが、ほんとうに一時だけの仮初めの姿なのですから。

ときわ台の「常盤山部屋」の屋上からは遠くに霊峰富士山を望むことができます。写真は真新しい稽古場と初稽古の日執り行われた部屋の行司木村秀朗による土俵祭り(土俵に神様をお迎えする儀式)の様子、その日の早朝に撮影した朝日を受けて紅く染まる富士山をアップにしたものです。

調べられた方がいらっしゃって、「常盤山」の名称での相撲部屋運営は、明治時代の第九代常盤山の鷲ケ濱音右エ門《わしがはまおとえもん》さん以来、うちの親方第十七代常盤山の「常盤山部

屋」が八代後百五十年近くぶりの相撲部屋運営になるそうです。もしもタイムスリップ出来ることなら、「第九代常盤山部屋」にもぜひ菓子折を持ってご挨拶に伺いたいくらいです。菓子折よりも美味しい日本酒をお持ちして色んなお話をお聞かせ頂きたかったななどと楽しい空想も浮かんできます。

屋上から遠くにそびえる霊峰富士山に手を合わせいにしえに思いをはせていると、先人たち代々の「常盤山」の皆様にも深い畏敬の念が湧いてきます。昔も今も日本には富士山がそびえていて、下界では数え切れないほどたくさんの人たちが笑ったり泣いたりして生きている。中山道六十九次のうち、江戸日本橋から数えて一番目の宿場「板橋宿」に程近いところ、富士山を望む場所に部屋を構えさせて頂いたのも、偶然ではなく、たくさんの不思議な力のお導きのような気がしてくるのです。

また、目には見えない強い力でこの場所に「常盤山部屋」を導いて下さった親方の師匠、横綱初代若乃花が土俵上で胸を張る力強い大きなパネルは、引越し先を探していた時に酔っ払って少しは愚痴を云ってしまいましたが、今は稽古場土俵の正面の壁でひときわ強い輝きを放っています。横綱初代若乃花の写真は大パネルの他にも二枚額に入れて稽古場を見下ろすように飾られており、厳しくも温かいまなざしを日々「常盤山部屋」の師匠と弟子たちに注いでくれています。

考えてみれば、相撲の始まりは、神話の世界『古事記』の中に国譲りの神話として、建御雷神《たけみかづちのかみ》と建御名方神《たけみなかたのかみ》が力競《くら》べを行ったことが最古の記録として残されています。土俵上での力士の所作のひとつひとつの全てには「神に捧げる」ための意味があり、横綱の土俵入りや力士の取組も伊勢神宮での奉納大相撲など神様に奉納されるものです。

例えば力士の四股には地中の邪気を払い、大地を鎮める力があるとされ、関取だけに許されている土俵に入る前の「塩まき」は土中の邪気を塩で清め、神へ祈りを捧げる動作と云われています。また、土俵の側には、手桶に入った水があり、一つ前の取組で勝利したものだけが、その手桶からひしゃくで水をすくい、土俵に上がった次に闘う力士に「力水」をつけることが出来ます。次に闘う力士はその「力水」で口をすすぎ、身を清めます。呼び出しさんが行う「土俵築《つ》き」は、神様を降ろす神聖な場＝

土俵を本場所の度に新しく築き、そこに行司さんが神様をお迎えして、土俵内外での無事を祈る「土俵祭り」という儀式を執り行うのです。また本場所の土俵の中央には、塩、昆布、するめ、勝栗、洗米、かやの実などの縁起物、神様への供物である「鎮《しず》め物《もの》」が埋められています。

こんなに神様に祈ったり、捧げたりが散りばめられているものをもはや「スポーツ」という言葉でくくり切る事は絶対に出来ません。相撲というものは神事と切り離しては決して存在し得ないものなのです。

振り返ってみれば、私は子供の頃から「なにか果てのない宇宙みたいな大きなもの」のことをずっと考え続け、畏敬の念を持ち続けてきました。それは言葉を変えれば、「なにか神さまみたいなもの」のことを私はずっと考えてきたと云えるのかもしれません。神さまは宗教だけのものではなく、誰でも自由に心に思い浮かべることが出来るものです。私は無宗教者でも子供の頃から「神さまみたいなもの」のことばかり考えていました。遊んでいる時も、お勉強している時も、叱られている時も、お昼寝をしている時も、大好きな母の茶碗蒸しを食べている時もです。誰かに教えられたワケでもないのに、物心がつくかつかないかの頃から「なにか神さまみたいなもの」はずっと私の心の中に一緒にありました。そして大人になった今も私の心の中に居てくれて、私が間違った方向に行かないように、いつも優しく時に厳しく目を光らせ続けてくれています。

「なにか神さまみたいなもの」は肉体の目で見ることができません。ひとの心の中も目では見ることができません。「目ではみえないなにか」は心眼によってしかみることは出来ないのです。

私はいつも心の中で「果てのない宇宙みたいな大きなもの」「目ではみえないなにか」と問答を続けています。あきることなく問答を続けてゆくと、たくさんあったようにみえた選択肢の中からひとつだけがすこうし光っているように観えてきます。逆にまわりにたくさんある考えや選択肢がどんどん色褪せてゆきます。色褪せてゆく考えには「怖れ」や「固定観念」「執着」などが張り付いています。私が何かを決断したり行動したりする時は、必ずその前に《畏怖の念を持つ目ではみえないなにか》とたくさんの時間をかけて対話しているのです。そうやって時間をかけて心の中に浮かぶたったひとつの光を放つ答えに辿り着くからこそ、何かを決めた後は、いつも剛毅《ごうき》果断《かだん》に迷わずに進んでゆくことが出来るのです。

しかし、そんな無宗教者の私の信仰＝目ではみえないものを信じる力がほんとうに本物かどうかを問う「最大の試練」は足音ひとつたてずに、もう目の前まで近づいてきていたのです。

第七章

創設五ヶ月での貴源治の大麻問題

——ひとつ。嘘をつかない

おなかの底がスポンと抜けて、内臓が地面深くに垂れ下がっている……

私の身体から内臓はちぎれることなく、どこまでも　どこまでも

地面の奥深くに果てしなく垂れ下がってゆく……

もうしばらくすると、地球の裏側ブラジルを突き抜けてゆくほどに……

二〇二一年七月に起きた事。新聞の記事にはおおむねこう書かれています。

「名古屋場所中の十七日、貴源治の大麻使用に関する内部通報があり、相撲協会は十八日の名古屋場所千秋楽の取組後、本人と師匠から聴取した。当初本人は痛み止めなどに大麻成分が入っていたと主張して使用を否定。十九日、任意で行った尿検査で陽性だった結果を受け、同場所中に宿舎外の路上で大麻たばこを吸ったと認めた」

親方から私に電話があったのは十八日の千秋楽の日でした。「明日東京に戻るから」と。「えっ、どうして？」いつもなら地方場所後の六日間程の休みはそのまま地方にいることが普通だったからです。理由を聞いた時の記憶がスポンと抜けおちてい

て、今も全くうまく思い出すことが出来ません。ただこの時親方はまだ「大麻なんかやるはずがない。心配しないように」と私に云っていて、その言葉だけがかろうじて記憶の底にかすかに残っています。

千秋楽の翌日十九日、私は一人東京の部屋で親方の帰りを待っていました。貴源治の検査結果は大変残念なことに陽性でした。本当に夢、良くない夢の中に閉じ込められてゆくような感覚でした。夕方警視庁の方が二人みえて、任意ですが部屋の中を見せてほしいと云われました。私は「どうぞ」と小さな声で云いました。親方と私の大切な聖域に、およそ似つかわしくない厳《いか》めしいご職業の方が入ってきました。細かくあちこちをごらんになった後、「大丈夫です。何もありませんでした。ご協力ありがとうございました」と帰ってゆかれました。

その日の夜、先に親方が、遅れて遅くに貴源治が部屋に戻ってきました。検査結果が陽性だったため協会からの報告を受けた警視庁で事情聴取を受けていたとの事でした。貴源治は貴乃花部屋から移籍してきた時にはすでに関取でしたので、ずっと外にマンションを借りて生活していましたが、協会から師匠が在宅している部屋で謹慎させるようにと云われていたため、その日は部屋三階の私たちの自宅の一室に布団を敷いて休ませることにしました。

三階の自宅はリビングを囲むように各部屋があります。親方は自室に戻りましたが、多分眠れていないだろうなという気配を感じました。私は自室には戻らず、リビングのソファに座ったり横になったりをしていました。三階からは富士山の見える屋上にあがることができます。私は貴源治が自責の念からよからぬことを考えてはならないと一晩中起きていようと決めていたのです。貴源治が休む前になにか軽いものでも作ろうかと云うと、お腹は空いていないと云うので、飲物を何本かとゼリーのようなものを枕元に置いておきました。「水分はしっかり摂らないとね」と云いました。

薄暗いリビングで、私はずっと私が子供の頃から大切にしてきた「果てのない宇宙みたいな大きなもの」「なにか神さまみたいなもの」と対話をしていました。「このことの意味は何ですか？」と問い続けていました。起こる事全てには必ず意味があります。良くない事にも必ず意味があるのです。神さまはそんなに簡単には意味を教えてくれません。フッと目を閉じて、それでも神さまに語りかけてみます。「神さまはどうしてこんなことをするのですか？」神さまは「考え続けなさい」と云うだけです。考え続けなさい……考えて、考えて、考え続けなさい……第四章でも触れたネガティブ・ケイパビリティ《答えの出ない苦悩、苦難に耐え、それをじっと味わい続け、考え続ける力》です。

そもそも人間が生きていること、生き続けていることそのものがネガティブ・ケイパビリティなのかもしれません。私たち人間は神さまから最も大きなネガティブ・ケイパビリティを与えられています。

「あなたたちは、どこからかここへ生まれ出てきて、一時をここで過ごし、やがて死によってここからまたどこかへと去ってゆく儚《はかな》い存在なのだ」と……。

考えて、考えて、考え続けなさい……少なくとも、考え続けたものだけが答えでなくても、そのこととの意味に少しだけ近づくことができるのかもしれない……。

私は起きた出来事の本当の意味を知りたかったのです。夜が明けていつのまにか朝になっていました。無数の考えが浮かんでは消え、また浮かんでは消えてゆきました。

そしてたったひとつだけ消えないものがありました。

それは《試練》でした。

《試練が与えられた》のだと揺ぎなくはっきりとそう悟りました。「誰から？」それを与えたのは、私が子供の頃から愛してやまない「果てのない宇宙みたいな大きなもの、神さまみたいなもの」でした。

その時、親方と私には大きな大きな試練が与えられたのです。それは「常盤山部屋」の真新しい看板が取り付けられるのを、親方が押さえ切れず溢れ出てくる喜びと共に見守っていた時から、わずか五ヶ月後のことでした。

《試練》とは、信仰＝何かを信じ切る力や決心、またその実力を厳しく試される出来事であり、またその時に与えられる苦難や困難のことです。試練が与えられた時、逃げ出す、或いは避けるという選択肢はありません。人間が生きている限り、必ず全ての人に「試練の時」は訪れます。たとえ一時その試練から逃避したとしても、クリアしない限り必ずまた同じ試練が何度も何度も姿を変えてやってくるのです。

だから、まずそれが「大いなるもの」から自分に与えられた《試練》だと、はっきりと認識する。避けられないものだと得心したら、とにかく先ずは耐えて、耐えて、耐えまくる。その間もネガティブ・ケイパビリティを発動して、必ず光明に辿り着くことを信じ切って、ジリジリ、ジリジリと這《は》ってでも前に前にと進んでゆく。この時に大切なことは、なるべく感情を動かさないということです。感情は振り子のようなものです。一度動かし始めたら、感情は特に「怒」や「悲」を巻き込んで、どんどん増幅し、心の中のコントロールが利かなくなってしまうからです。「恨み」や「憎しみ」や「悲観」を心の中に持たないことは、他の誰でもない自分の心を守るために、またこれから進むべき道を見あやまらないために最も有効なことなのです。

七月十九日から何度かのコンプライアンス委員会の聴き取りを経て、七月三十日理事会での処分が出されるまでの奇妙な十二日間が始まりました。

その日は以前から決まっていた協会のコロナワクチンの一回目の接種会のため、朝から指定された会場に部屋の裏方二人と車で向かっていました。それまでリースしていた部屋車の契約が満期となったため、新しく購入した部屋車が届く日が近付いていました。私は何気なく裏方二人に「今度の車は白になるんだよ」と云いました。すぐに返事は無く、「ああ……そうなんですね……」という力のない返事が少しして戻ってきました。接種会の会場に入ってゆくと、何人かの人が本当にびっくりしたような顔で私を見ました。順番待ちをしてイスに座っている時も、なんだかあちこちから視線を感じます。まるで可哀そうな幽霊を見るような目で私を見ているんです。

「ルミコー！　やせたんじゃないの！　大丈夫？」と懐かしい声が耳に届きました。二所ノ関部屋のみづえおかみさんでした。親方が隆三杉として二子山部屋で現役だった時の兄弟子、大関若嶋津《わかしまづ》関の奥様で、私が隆三杉と結婚した時はまだ二子山部屋にいらして、相撲界でのしきたりや作法などを直接丁寧に私に教えて下さった私にとっては大切な方でした。私が縁あって部屋のおかみをやることになり、この間様々な事に取り組んでいた時もことあるごとにメールやお電話を頂いて励ましていただいていました。

「やせちゃってるよ、大丈夫なわけないよね……もうなんて云ったらいいか言葉がみつかんないけど……とにかく親方と二人で健康にだけは気をつけなきゃだめだよ……」と目を見て温かく言葉を掛けて下さいました。

帰宅して、みづえおかみさん以外の会場の視線と車の中で裏方二人が発していた「気」のことを考えていました。なんだかどちらもとてもよく似ていたように思えたのです。しばらく考えていてドキンとしました。そこから急に脈拍が自分でもはっきりわかるようにトクトクトクトクと早く打ち始めました。とたん冒頭のおなかの底がスポンと抜けて内臓が地面の奥深くへ垂れ下がってゆく感じがしました。足元が抜けたのではないのです。内臓はちぎれることなく、どこまでも、どこまでも垂れ下がってゆくのに、足元はなんだか少し浮かんだようにフワフワしていて力が入らないのです。考え事をする時、それもヘビーな考え事をするときの癖、八畳ほどの部屋の中を器用に物にぶつからないように八の字にグルグルフワフワフワと気づいたら歩き続けていました。

「部屋はもう閉鎖かもしれないな……続けていけないないだろうな……」「わあー、かわいそう……」「貴乃花部屋を引き受けたばっかりにひどい目に合ってるな……」

その後直接会った知り合いの方々にも掛けられた言葉が、車の中や接種会場の視線の中でも、まるでマンガの吹き出しのように渦巻いていました。わかりやすい言葉で云えばそれは「強烈な同情」の視線だったのです。

その頃他の一門の参与だった或る親方からは「たかが一分の電話で貴乃花部屋を引き受けたからこんな目に合うんだ。さっさと部屋なんかやめろ！」と、直接うちの親方が云われたという事も人伝てに聞き、とても悲しい気持ちにもなりました。

しかし、親方も私も消滅間際の千賀ノ浦部屋と貴乃花部屋を引き受けた事を、居場所を失うはずだった力士や裏方たちの居場所を全力で守った事を後悔したことなど本当に一度も無いのです。親方も私も、ひとりひとりの人間を大切にしたいという信念を持っています。私たちは居場所を失う不安を抱えた目の前の人間を見て見ぬふりや、見捨てたりなど決してできない性分なのです。

消滅間際の千賀ノ浦部屋では〈終わりの匂い〉をまとわせた姿で、消滅した貴乃花部屋から引越してきた時は〈難破した舟〉から疲れ果てて命からがらなんとか生き抜こうと新しい舟に乗り込んできた姿で、目の前でそんな姿をしているのは他の何でもない生身の人間たちなのです。決して見捨てることなど出来るわけがないのです。

しかし絶対に避けられないこの試練の中で、親方と私は「大きな二つの苦悩」を抱えることになりました。一つは全力で守り、創り上げてきた皆んなの居場所＝相撲部屋を失ってしまう事になるかもしれないこと。そしてもう一つは「嘘をつかれた事」でした。「大麻なんかやるはずがない」と親方は迷う事なくそう云い切りました。しかし彼はたくさんの人に嘘をついて＝欺いて、悲しいことに大麻に手を出してしまっていたのです。彼にそんな嘘をつかせたのは興味本位から始まった無自覚な「欲」だったのではないかと私は思いました。

しかし「嘘」を悪い事だと思わなくなる感覚は大変怖いことだと思います。ひとつの嘘は必ず次の嘘を呼びはじめます。「嘘」は増殖してゆくのです。増えた「嘘」の中にいると、段々「嘘をついていること」への良心の呵責《かしゃく》がマヒしてゆきます。良心の呵責がマヒしてくると、次は良心そのものを疎《うと》ましく思いはじめます。さらに進むと善悪の基準が逆転してくるのです。「嘘」が善で「良心」が悪なのではないかと……。しかし、いくらそう思い込もうとしても、それがほんとうには正しい事ではないので、心の中が雲ひとつ無い碧天《へきてん》のようにはなりません。常に漠然とした不安を抱え、その「嘘」がいつかバレるのではないかとビクビクしていなければならないのです。嘘は他者に迷惑をかける行為、他者を傷つける行為、そして自分自身の魂をも深く深く傷つける行為なのです。

常盤山部屋には朝稽古の終わりに声に出して読み上げる五訓の部屋訓があり、親方自ら筆をとった「常盤山部屋訓」が稽古場の師匠が座る椅子の後ろに掲げられています。

一、嘘をつかない
二、限りある時間を大切にする
三、仲間を大切にする
四、今居る場所に感謝する
五、「相撲道」に精進する

この部屋訓はこの時の出来事の後に創られたものです。訓とは、部屋訓とは力士という修験者たちが無事自分の修行をおさめることが出来るようにと唱える呪文のようなものです。

一つ目が「嘘をつかない」で始まることにはこの時の激痛を伴う苦渋の思いが込められています。

嘘をつかないとは人間としての道を踏みはずさないということです。

朝、目覚めた瞬間から大小様々な「嘘」への誘惑が今世の世界にはひしめいています。「嘘」という「魔」を自分の中に入れないために「ひとつ。嘘をつかない！」とあえて声に出して、「魔」が心の中に棲みつくことがないように毅然と追い払わなければならないのです。

二つ目「限りある時間を大切にする」

若い頃は、まるで「時間」が無限に続いてゆくように感じられることがあります。「時間」というものが無限にあるように感じられるので特別に大切だとは思わなくなるのです。

しかし、私たちはやがて否応なく年を重ねてゆくことで「時間」というものが圧倒的に限られたものであることを知ることになります。

相撲を取って力士としていられる時間も……人生でさえも……すべてに終わりが来る。その限られた時間を知り自分の中に持って生きることと、時間に対して無自覚に生きてゆくこととは全く異なった生き方になるはずなのです。

終わりを知って今を懸命に生きるものこそ、真の生き方を知る者となれるのです。

三つ目「仲間を大切にする」

仲間とは、同じ目標、目的を持ち、一緒に物事を成そうと心を通わせる者同士のことです。

「常盤山部屋」という一艘の舟に、生まれた國も時間も異なる若武者たちが乗り合わせて、ひたすら「相撲道」を求めて大海原へと帆を進める。関取と関取ではない者、兄弟子、弟弟子という言葉だけではくくり切れないもの、一人一人が縁あって出会ったことを大切にして、乗り合わせた「仲間」として、互いの幸せを祈れるようになるほど、心を通わせてほしいというその願いを込めたものなのです。

四つ目「今居る場所に感謝する」

今までも何度も何度も「居場所」の話をしてきました。人間は「居場所」が無いことほど淋しいことはありません。しかし、どの「居場所」にも必ず責任者がいて、その「居場所」が無くならないように懸命に努力して守り続けているのです。

自分以外の人間の居る場所を守るためには、〈自利〉だけでは成り立たないでしょう。必ずそこには《利他の心》が息づいていなければなりません。

《利他の心》とは自利を抑えて周囲や相手に善かれと思うことを為すこと、周囲＝全体の豊かさや幸せを求める心のことです。

今あなたがいる「居場所」には必ず守り人がいることを忘れずに、感謝をする。ひとりひとりが感謝を忘れずにいれば、必ずその「居場所」は続いてゆくことが出来る。そして皆んなで豊かで幸せになってゆくことが出来る。そう思えるのです。

七月三十日午後の臨時理事会で今回の件の処分が云い渡されました。

貴源治は公益財団法人日本相撲協会を解雇処分（十月十二日には東京地検が不起訴処分を発表）。

うちの親方である第十七代常盤山は監督責任を問われ、委員から年寄への二階級降格処分となりました。

大変に唐突なのですが、これから私の父から私に届いた不思議なメールについてお話しさせて下さい。そのメールは今回の出来事が起きる前の六月十二日十六時五十二分に私のショートメールに突然ポンと飛び込んできました。

父からメールが届くのは初めてでしたのでびっくりしてひらいてみると「ありがとう」とだけ書いてありました。何かあったのだろうかと慌てて父にすぐ電話をしても電話に出ません。さらに心配になり二度、三度電話をするとようやく寝呆け声の博多弁で父が電話に出ました。


「どうしたと？　メールとか送ってきて」

「メール？　メールとかお父さんはわからんよ」

「今、お父さんからありがとうってメールがきたよ」

「お父さん寝とったけん、メールやら送りきらんよ、メールやらわからんけん」


そのひと月半前に肺に炎症があると診断されて入院していた父は、病室のベッドで寝ていたようでした。後日看護師さんと電話でお話しする機会があった時に、患者さんに頼まれてメールなどを代わりに送信してあげるような事はあるのですかと尋ねると、プライバシーに関することなのでいたしませんとのことでした。

しかし、来たのです。父の、まぎれもない父の、ケータイから、「ありがとう」と最初で最後のメールが届いたのです。数日後私が姉にそのことを話すと、コロナ禍で基本面会は出来ないんだけど明日短時間だけお見舞いで父に会えるから父のケータイを確認してあげると云ってくれました。翌日姉から父のガラケーケータイの写メが届きました。

それは送信履歴を確認した写真でした。

「メールを送信した履歴がありません」……

八十六歳と六ヶ月の父が六月十二日の十六時五十分に突然目覚めてガバッと起き上がり、ガラケーケータイの使ったこともないメールを慣れた手つきでサクサクッと打ち、十六時五十二分に送信し、送信履歴も削除し、ガラケーをパタンと折りたたんで再びパタッと眠る、なんてことはあるでしょうか？　そうです！　ありません!!　でも来ているのです。「ありがとう」と……。

照れ屋でベタベタする事を格好悪いこととして家族にさえも絶妙な距離を取り続けた父は、めったに「ありがとう」という言葉を口にすることはありませんでした。その父が姉には入院中のレクリエーション時にしたと思われるぬり絵の裏に「何時もありがとう　お父さんも頑張っています　一安心しています　娘に渡して下さい」と書き残していました。なぜか私には超能力で送ったとしか思えない不思議メールを……。父が娘二人にどうしても伝えたかった言葉はどちらも「ありがとう」でした。

不思議なメールは写真におこして今、写真立ての中にあります。

協会からの処分が出て一週間後の八月七日、私と親方と隆の勝はまだ台東区橋場に部屋があった頃から親しくして下さっている浅草の知り合いの方のお宅にお呼ばれしていました。

目の前にはたくさんのお料理が並べられていました。

特に一目見ただけでとても柔らかく煮込まれていることがわかる厚切りのビーフシ

チューとタンシチューはデミグラスソースに包まれて湯気を立てて輝いていました。

「オレ、何にもしてやれねえからさ、なんかうまいもんでも食べさせたいって思ってさ……」。代々浅草っ子で照れ屋のその人は、ポソっと呟きました。

一口食べたら涙がポロっとこぼれてきました。「美味しい……」もう一口食べたら涙がポロポロっとこぼれてきました。

何日も前から考えて準備をして、鍋をかきまぜている間も心配してくれていたことが伝わってきて、涙が止まらなくなりました。親方と隆の勝もその人も奥様もきっと気づいていたはずですが、気づかない振りをしてくれていました。

帰りのタクシーでは、親方と隆の勝は美味しいワインも頂いて満腹になったのかグーグーと眠っていました。私はスマホで小さく久石譲《ひさいしじょう》さんの『Summer』をかけました。あの十二日間のあいだに私の父が天国へと旅立っていました。

「お父さん常盤山部屋を守ってくれてありがとう。私も必ず幸せになるから、心配しないで大丈夫だよ」と心の中で呟いていました。

その日の手帳には赤い文字と丸囲みで、「必ずみんなで幸せになる」と書かれていました。

第八章

一五〇メートルの断崖絶壁でかかと五センチだけを残して

——再びコップの水

幸いなことに、創設五ヶ月での「常盤山部屋」閉鎖の危機はまぬがれたのですが、このあと私は恥ずかしながら少し体調を崩してしまいました。

その頃の手帳には三日に一度矢印の下降マークを付けて、気分が下がるという文字が見受けられます。また「あなたのせいではありません！」「あなたは良くやっています！」また「あなたのせいではない！　自分の人生を美しく楽しんで生きることも大切!!」と書き込まれています。

誰ひとり私のせいだなんて周りの人は云ってないのです。子供の頃から人一倍責任感が強く何事も真面目を通り越して真剣に受け止めて取り組んでしまう性分なのです。責任感が強すぎるって自分にとっては少し損な性分なのかもしれません。

親方が「真剣と書いてマジ、マジおかみルミだから」と少し困ったような心配したような顔で私に云います。マジおかみはマジであるがゆえに、この頃連日の悪夢にもうなされ続けます。元々物心ついた時から三日とあけずに悪夢を見てしまうことがあり、多い時には一晩に三本立ての悪夢を見ることがあり、また辛すぎて夢の途中で目覚めることも多いので、かなりの確率でその夢をリアルに覚えてしまっているのです。

子供の頃あまりに悪夢を見るので、毎晩「今日は怖い夢を見ませんように」と手を胸の上に組んで、お祈りしながら眠っていたこともあります。しかし効き目はなく、胸を圧迫するとかえって怖い夢を見るとなにかの本で読んであわててやめたことがありました。

以前どうしてひんぱんに悪夢を見るのかを調べてみたことがあります。

「ひんぱんに悪夢を体験する人は、他者への配慮に富み、寛容で芸術性や創造性に優れた人が多い。感受性が豊かであることも悪夢が増える要因かもしれない」とありました。また調べる中で《エンパス気質》という言葉にも遭遇しました。「エンパス（empath）」とは「エンパシー（empathy）＝共感感情移入の力」とも呼ばれ「共感力、他者の感情に深く寄り添う事が出来る力」という意味の言葉で、人並みはずれてその共感力が高く、生まれながらにして人の感情やエネルギーに敏感な気質の人をそう呼ぶと説明されていました。私のエンパシーは特にひとの悲しみや苦しみに強く反応するように思えます。ひとの悲しみや苦しみが感情移入を超えてダイレクトに心の中に飛び込んでくるのです。

親方の持つ「同一力」と私の「共感力」を構成する大きな要素は《情》というものなのかもしれません。《情》というのは自分に向けられるものではなく、自分以外の人間、他者へ向けられるものです。人間は色んな事を抱えすぎないように、これは「自分の事」これは「他人の事」と割り切れる力を身につけてゆきます。しかしエンパシーが強すぎると自他の境界線がどんどんあいまいになってゆき、自分の事よりも他人の事を考える時間や使うエネルギーが増えてしまい、結果として自分の事がどんどん希薄になってしまうこともあるのです。

子供の頃から「ほどほどにね」「少しは（気を）抜くことも覚えないと」「そんな風に生きてたら大変じゃない」と心配してくれる周りの人たちから声を掛けられ続けていました。しかしエンパシーは後天的に身につけたものではないのです。前述の説明でも生まれながらにしてと書いてあるのです。

親方の「同一力」は同一する時は親身に同一し寄り添い、しかし自分にきちんと戻ることもできるのです。しかし、マジおかみのエンパシーのランディングはマジであるがゆえにだいぶ時間がかかってしまうのです。これはあなたのせいではないのかとしつこくしつこく自分で自分に突きつけてしまうのです。

その頃、部屋を卒業していった弟子から久しぶりに「おかみさん大丈夫ですか？」とメールをもらって、嬉しくて涙ぐみながら「おかみさんは大丈夫です！　でも○○ちゃん、世の中には悪い方向に誘おうとする人がいるから気をつけなきゃいけないよ！　そういう人にかぎって、最初は耳ざわりのいいことばかり云って近付いてくるからね。気をつけるんだよ！」とやりとりしたり、防犯のために取り付けようと購入したカメラをわざわざバイクで部屋まで来て、自ら取り付けてくれた元弟子もいました。部屋にいる力士たちもつとめて笑顔をたくさん見せてくれるように思えました。

そんなひとつひとつが私の心の打ち身にバンソウコウや湿布を貼ってくれているように思えて、少しずつ少しずつ元気を取り戻せるようになっていきました。

そんなある日、部屋のことをいつも気にかけてくださる後援者のある女性の方からこんな風に声を掛けられました。

「おかみさん、ほんとうに生きた心地がされなかったでしょう」と。

私はあっと思いました。あの突然おなかの底がスポンと抜けて内臓が地球の裏側にまで垂れ下がっているのに、足元がなんだか少し浮かんだようにフワフワしていたあれは、あれこそが生きた心地がしないということだったんだと……。

私はこの間もずっと「果てのない宇宙みたいな大きなもの」「なにか神さまみたいなもの」と問答を続けていました。前にもお話ししましたが「宇宙みたいなもの」や「神さまみたいなもの」はかんたんには答えてくれません。かんたんというよりも、むしろかたくななまでに答えてくれません。

私は今回の件に協会からの処分が出たことがゴールや終わりではないことがわかっていました。何のゴールや終わりか？　それは《試練》の終わりです。完璧なまでにいまだゴールの全く見えないこの《試練》は継続中なのです。

私は貴ノ富士の時の「コップの水」のことを思い出していました。何らかの処分が出たことはそのことがコップの中の水を一ミリも減らすことにはならないことなのだと。親方が長年務めた委員の立場から二階級降格で一番下の年寄の地位になったことは、コップの水はもう表面張力ギリギリいっぱいだという事なのです。それはすなわちもうあとがない状況になった事を示唆していました。今、親方が大切に愛情をかけて育てている弟子たちに、万が一何かが起きてしまった時に、もう親方自らが責任を取って守ってあげることは許されない状況になってしまったのです。

時はまさにコロナ禍、相撲界では一般社会の人よりも厳しいルールを、一年間の半分を病院、整体、短時間での買い出し以外は外出禁止を守っての生活が続いていました。外出禁止期間は牛丼やハンバーガー屋さんにも一切立ち寄れないのです。木枯しおかみ紋次郎は「厳しい……厳しすぎる……ハードルが……」と呟いていました。

自分たちの若かった頃を思い出してみて下さい。若者というのは善し悪しにかかわらず時に羽目を外したり、無謀なことをしてしまうものなのです。そんなことをしてしまうのは若いゆえにまだあらゆる経験が少なく、思慮が熟考に到達していないからなのです。「弟子たちがみんな江戸川乱歩シリーズの明智小五郎役、天知茂《あまちしげる》さんくらいに眉間《みけん》にシワを寄せて熟考してくれたら」とおかみ紋次郎は考えていました。

しかし弟子が全員マゲを結った天知茂さんになってもと考えなおしました。

激動の七月から四ヶ月後の十一月九州場所では、大関貴景勝が十二勝三敗、隆の勝が十一勝四敗で敢闘賞の好成績を上げてくれました。

年が明けて、二〇二二年春がやってきました。

私はめずらしくスマホで動画を見ていました。一人でした。

動画では格闘家に転身した元貴源治のデビュー戦が流れていました。何日か前に誰かが結果を話していたのを耳にしていましたので、結果は元貴源治が敗れたことを知っていました。客観的に冷静に見始めたはずでした。しかし始まると同時に結果を知っているはずなのに身体に力が入り拳を握りしめていました。色んな方がいらっしゃるので様々だとは思いますが、私は今でも親方が現役の時から弟子たちに至るまで取組を見る時は、必ず正座して凝視してきました。それが自分で自分に課した「見守り」でした。一回戦が終わり二回戦が始まると、相手のタックルで倒され、無数のパンチが元貴源治の身体に浴びせられました。私は段々腹が立ってきて、相手選手に向かって「そんなに殴ることないだろう！」「バカヤロー！　もう殴るな！　殴るのヤメロ！　バカヤロー！」と一人で大きな声を出していました。悔しくて涙が出てきてもう号泣していました。自覚が無かったとはいえ、とんでもないことをしてしまった子でした。私がほっぺたのひとつくらいパチンとしてもいいくらいの子でした。でも誰かに殴られるのは悔しくて悲しくて、腹が立って自分でも全く予想していなかったこの自分の激しい感情の波に私は混乱していました……。

自分でも予測不能、理解できないこの感情は一体何だったのか私は少し落ち着いてから考えていました。不思議な感覚でした。しいて云えばそれは目の前で身内がやられていることに近い感情でした。相撲部屋とは基本血縁関係のない他者で構成されている疑似家族です。でも〈疑似〉とは本物ではないけど見かけがよく似ているもののことなので、それもなんだか相撲部屋にしっくりとくる言葉ではありません。

他の相撲部屋がどのような人間関係を築かれているのかはわからないのですが、親方と私のおもいで創られた「常盤山部屋」をもし言葉であらわすとしたら、以前大関貴景勝が優勝インタビューで答えてくれた「懐＝ふところ」なのではと思いました。

「自分が調子が悪い時でもどんな時でも懐で守ってくれた親方、おかみさん」親方と私が創った「常盤山部屋」はいつのまにか、皆んなの「懐《ふところ》部屋」になっていたのです。「懐」とはあたたかく迎えてくれる所、情をかけて庇《かば》い守ってくれる所。「懐」とは親方と私が全力で守ってきた皆んなの「居場所」そのものなのです。あらゆることを我慢して耐えて受け入れてゆく、親方の懐はとても広いのです。懐が居場所なら、懐が広くないと皆んなが安心してそこに居ることは出来ないのです。「あの人は自分に対して懐が広いね」という言葉が成り立たないように「あの人は人を受け入れる懐が広い」つまり懐とは元々他者を受け入れて育てるうつわ＝心の居場所そのものをあらわしているものなのです。

しかし庇い守ってくれるその「居場所」にも必ず居場所のルールがあります。若さや一時の感情ゆえに居場所のルールを大切に出来ずに、自分ルールを優先して「懐」から自ら飛び出して行った子たちもいます。親方も私も自分流を貫いて飛び出して行った子たちに、人間ですからそれは多少一時は腹も立ちますが、不思議とすぐにその気持ちが消えてしまうのです。「懐」とは自分の内《うち》です。一度自分たちの内側に入れて温《ぬく》め育てようとした子には「情」が湧きます。飛び出して行ったからといって、それはゼロにはならないのです。「(うちの子を)そんなに殴ることないだろう！」「バカヤロー！　もう(うちの子を)殴るな！　(うちの子を)殴るのヤメロ！　バカヤロー！」。あの時の予測不能、理解できないあの気持ちはそんな気持ちだったのだとわかりました。

元貴源治の格闘家デビュー戦の翌々月、三月場所で部屋を卒業して行った元弟子で貴源治と同期の子の断髪式が都内のホテルで行われました。元貴源治も出席していて、直接顔を見るのは処分が出て部屋を出て行って以来ですから、十ヶ月ぶり位になります。先ず元貴源治は親方のところに行って「ご迷惑をおかけしてすみませんでした」と深々と頭を下げたそうです。親方はうなずいて何も云わずにしっかり肩に手を添えたそうです。続いて断髪式の進行をするため、司会台にいた私のところへ元貴源治がピシッとしたスーツ姿でやってきました。彼は私の目をまっすぐに見て親方と同じ謝罪の言葉を口にし深々と頭を下げました。私は「もう終わった事だからね。この前は勝てなくて残念だったけど……きっと勝てるから……怪我しないように身体に気をつけてね……」と云いました。親方も私もたとえ相撲界を離れたとしても、その子が順調に成長して幸せになってゆくこと、それしか願っていないのです。元貴ノ岩も、元貴ノ富士も、元貴源治も必ず幸せになってもらいたいのです。全員きちんと親方に謝ったのです。そして親方はそれを受け入れて、ちゃんと三人を赦して旅立ちを見送ったのです。

その日の手帳にはこう記されています。

「一喜一憂することなく、大局の幸せを見据えて、この舟を進めてゆきます」

私は子供の頃から今までの人生の中でほとんど全くと云っていいほど他人をうらやんだりした事がないのです。うらやむ事が全く意味の無い、時間の無駄だとしか思えないからです。しかしこの時ほんの一瞬だけうらやましいなと思ったことがあります。

「うちの部屋以外の全部の相撲部屋はまだ余地があっていいな……」と。

しかしすぐその考えを頭と心からたたき出しました。そして「なにか宇宙みたいな大きなもの」「神さまみたいなもの」から与えられた《試練》を受け入れますと口に出して感謝しました。

「必ず乗り越えて全体が幸せである約束の地に辿り着きます」とあらためて心に刻みました。

断崖絶壁とはけわしくそそり立った崖のことであり、転じてそれは危機からどうにも身のかわしようのない立場や状態であることを指し示します。

一五〇メートルの断崖絶壁の突端でかかと五センチだけを残して相撲部屋をやっていかなければならない。

時折、背中を押そうとする風に耐えながら親方と私は、ユラユラとその崖に立ってただ真っすぐに前をみつめていました。

第九章

若き日々のこと

——「その日——タカミスギ」

「おつかれさんでございます。今日関取行けないっす」

一本の電話がまだ関取隆三杉だった頃の付人から私に入りました。

「わかりました」電話を切った後、今日は食事をする約束をしていたのに、付人さんに代わりに断らせるなんて非常識な人だなと私は思っていました。

しかしその頃本当は隆三杉関は病院の集中治療室にいたのです。肺に何らかの菌が入った肺臓炎と云われていましたが、東北、北海道の夏巡業から戻ってすぐでしたので、ツツガムシに刺されたのではないかと云う人もいました。当時の地方巡業は今のように体育館の中で仕出しのお弁当ではなく、各部屋毎に屋外にゴザを敷いて炭をおこして七輪で煮炊きしながらちゃんこを作って食べ、そのまま木かげに敷いたゴザの上で昼寝をしているような時代でしたから、ツツガムシ病を心配された方がいたのも当然の事でした。東京に戻り高熱が出て呼吸が苦しくなり、そのまま都内の病院に入院し、集中治療室で治療を受けていたようでした。その集中治療室で高熱で意識がもうろうとしている中でなんとか付人に私の電話番号を伝え、今日は行けなくなった事を伝えてくれと頼んでいたのです。

後日入院していた事を知り、さらに集中治療室にいた事も知り、本当に親方（この時は隆三杉関）らしいなと思いました。いつも食事に行く時は必ず車で迎えに来てくれていましたから、私がどこかの待ち合わせ場所やお店で待ちぼうけになることもないのに律儀に伝言してくれたのです。私は知らなかったとはいえ早合点して非常識だなんて思ったことを反省しました。

私と隆三杉関の出会いは、お互いがまだ十代の頃に遡ります。私の父が博多でまだ関取になる前の隆三杉を応援されていた方と知り合いで、その縁で九州場所の時、福岡で一緒にお食事をする機会がありました。度々登場してくる私の姉は小学生の頃から大相撲が大好きで、近所の書店で大相撲の雑誌を予約注文して購入する程だったので、その姉が喜ぶだろうと連れて行ってくれたのです。

初めてまだ関取になる前の隆三杉さんと会った時の印象は、いわゆる子供の頃からまわりで見てきた九州男児とは全く違うタイプで無口なのですが、都会的で笑顔がまんまるのお月さまのように柔らかいイメージでした。まだ十代の私が「お相撲さんはトリートメントをするんですか?」と質問すると、ヘンなことを質問する子だなと思ったのか「しないよー!」と大笑いで答えてくれました。それから毎年、年に一度九州場所の時に声をかけて頂いてお食事をする事が何年か続いてゆきました。

福岡の博多で両親、姉の四人家族の次女として生まれた私は、小学生の頃から将来必ずラジオのアナウンサーになりたいという夢がありました。たしか小学校の卒業文集にもそう書いていた思い出があります。ラジオのそれも落ち着いたおしゃべりとおしゃれな音楽を流す、FMラジオのアナウンサーになりたかったのです。高校生の時は放送部に所属していてNHK杯全国高校放送コンテストの朗読部門で全国大会に出場した事もありました。しかし、私が地方の女子大の短期大学部を出た頃は残念ながら地元FM局の採用試験は行われませんでした。

そのまま大学の三年に編入する方向が進められていましたが、一年の頃学内を歩いていてたまたま声を掛けられて入った演劇部も楽しく、編入するよりもあと二年は別のことを経験して学んでみたいと両親に話すと、二年だけならという約束で東京で演劇を学んでみるという事を両親が許してくれました。子供の頃から自分で何かを決め

姉と著者（右）

て、決めた事をやり遂げてみたいと思う私の気質を両親はいつも尊重してくれて、何かを頭ごなしにダメだと云われた事が一度もないのです。特に私の母はどんな時でも「ルミコだったらきっと出来るよ！」といつもいつも信頼して私を励ましてくれました。きっと本当はとても心配だったと思いますが、我が子が気をつけながらも何事も経験によって学んでゆくということを大切にして見守ってくれるそんな両親でした。

東京に来て、いくつかのお芝居を観て私は早稲田大学演劇研究会から独立したある小劇場に入団しました。のちに私たちが創る事になる芸術劇団のメンバーが私以外は全員早稲田大学出身なのはその由縁です。その頃の日本の演劇界はまさに小劇場運動華やかなりし、大活躍していた時代で、毎日のようにたくさんの個性的な劇団が立ち上げられていました。両親は私を二年間だけの遊学に出したつもりでしたがあっという間に二年が過ぎ、二年後私は前述の小劇場で一緒だったのちの生涯の大親友と新しく芸術劇団を立ち上げていました。

あえて芸術劇団と云うのは、その頃の小劇場ブームの中では、おおまかに云うと、芸能界やエンターテインメントを志向される方と、いかに《これまで誰も見た事もないような舞台表現》を生み出せるかを競い合う芸術志向の人たちの二派に分かれていたからです。私たちの志向はもちろん後者でした。二十代前半の私は舞台にも立ちましたが、主に作・演出を担当し、日々誰も見たことのない舞台作品を生み出す事を考えるだけで、身体中にエネルギーがみなぎってきました。

しかし、芸術だけで食べてゆくことは出来ず、その頃有り難いことに東京から程近い県のＦＭラジオのアナウンサーの仕事を得て、「大好きな芸術」と「大好きなアナウンサー」の仕事の行ったり来たりのめまぐるしい生活を送っていました。

冒頭の隆三杉関の入院はちょうどその頃でした。東京に出てきてから隆三杉関は焼肉やお鮨など芸術劇団の私が普段は食べられないようなものを、毎週ラジオの仕事を終えて東京に戻るとごちそうしてくれていて、食事の後送ってくれる車の中でその週私が担当した音楽番組の録音テープを聴きながら「カッコいいね」といつも褒めてくれました。

フランス（一九八八年より十五年連続）、ポーランド、イタリア、ギリシャ、香港、コートジボワール、エジプト、イスラエル、ヴェトナム、マケドニア、ルーマニア、ブルガリア、クロアチア、ハンガリー、ボスニア・ヘルツェゴビナ、セネガル、ベルギー、イギリス、リトアニア、カナダ、フィンランド、エストニア、韓国……。

これはその後私たちが創った芸術劇団、「TAICHI-KIKAKU（タイチキカク）」(https://taichi-kikaku.tokyo) が文化庁等の後援を受けて、国際演劇祭などで実際に公演してきた国々です。

私は相撲部屋のおかみになる二〇一六年まで、いえ一年前から決まっていた二〇一七年夏の「座・高円寺」との提携公演までモリムラルミコとして、一九八八年から二十九年間芸術劇団の作・演出として、また自らも舞台に立ち続けていたのです。

約十二年間関取として幕内力士を務めた最高位西小結の隆三杉関を支え、一九九五年引退してから部屋付親方となった常盤山親方を支え続けながら……。

隆三杉関と私が結婚したのは私が芸術劇団としての初の海外公演フランス、パリ公演をスタートさせた翌年位でした。隆三杉関から結婚を申し込まれた時私は「ちゃんと考えた方がいいよ」と云いました。その頃関取が結婚する時は将来の事も考えて相撲部屋の関係者かタニマチ（後援者）の関係者の方が多かったので、将来の事を考えて結婚相手を選ぶべきだと思ったのです。相変わらずヘンなことを云う人だなと思われたのか隆三杉関は私の言葉を打ち消して「ルミがいいから！」と云いました。

両親は十代の頃からうちの実家を訪れて、一緒に母の手料理を食べていた隆三杉関の人柄が大好きでしたから是非結婚してほしいと云いました。姉も隆三杉関と家族になれることを心から喜んでいました。両親は二年の遊学と思って東京に出したら戻って来ず、ついに海外にまで行き始めた私のことをいつも「出たら鉄砲の玉」と云っていてこのまま海外で生活したいと云い始めるんじゃないかと危惧していましたから、結婚というアンカーを打ちおろしたがっていました。隆三杉関も海外に行き始めた私にもう戻ってこないんじゃないかと危機感を持ったようで、私を説得するために「非常識妻でいいから！」となにより常識を重んじる私に失礼なことを云っていました。

結婚してから六年後、古くからお付き合いのあった京都の後援者の方のご縁で、京都の設計士さん、京都の工務店さん、京都の職人さんたちに依頼して、都内に家を構えることも出来ました。隆三杉関の子供の頃からの一軒家に対しての憧れが叶ったのです。

その新築祝いのお食事会には師匠（この時は既に停年されていらっしゃいましたが）横綱初代若乃花の花田様ご夫妻もわざわざ足を運んで下さいました。

「金尾《かなお》（親方の本名）！　こんないい家を建てられてよかったな。全部嫁さんのおかげだぞ。関取の嫁になったり、こんな家を建てたとなったら少しは天狗になるはずなのに、金尾の嫁さんは全くそんなところがない……」とお酒を召し上がりながらお顔をほころばせてそう褒めて下さいました。またそのあとのお話の中で師匠初代若乃花から見た隆三杉は諦めやすいところが見受けられたそうで、そんなに長く相撲を取る力士じゃないかもしれないなと思ったのに、もう幕内在位が十二年目になったことを「良くやってる、嫁さんにも感謝しなきゃいけないぞ」と云って下さいました。たしかに神奈川県生まれの隆三杉関は私の初対面の印象通り相撲とは別に、日常的にはいわゆる泥臭さとは無縁のどちらかというとあっさりした都会的な振る舞いと性格のひとでした。だからこそ自分とは違った、石にかじりついてでも一度決めたことを絶対に諦めずにやり遂げようとする私の性格を、面白く思って気に入ってくれたのかもしれません。

よく私はひとから「オールオアナッシングの人」と云われていました。やるかやらないか。子供の頃から一度自分がやると決めたことに対してはトコトン全力を尽くし切らないと気がすまない性格でした。だからきっともしうちにコウノトリが来ていたら、私は全力で子育てをしていただろうなと思うのです。しかし、この時は現れなかったコウノトリたちは（一羽では運べないので複数羽で）のちに満を持してたくさんの大きな男の子たち（＝弟子たち）を、親方と私の元へどすんと運んできてくれたのです。

相撲界で関取は三月大阪、七月名古屋、十一月九州の地方での本場所以外にも四月春巡業、八月夏巡業、十月秋巡業、十二月冬巡業がそれぞれ一ヶ月位あり、一年のうち半年以上は東京を留守にすることになり、その間は結婚していてもそれぞれ別々に生活をすることになります。よく地方に奥さんも付いて行くんですか？　と聞かれますが、全く付いいて行く事はありません。おかみになったとしても、場所の終わりの方に千秋楽の打ち上げパーティーの準備に行く位です。男所帯の限られたスペースの地方の宿舎には女性専用の居場所を確保する事は難しいのです。

私が芸術劇団を続けられたのも、例えば年に一度の海外公演でしたらヨーロッパ三ヶ国巡っても大体一ヶ月の滞在、四回程公演に行ったアフリカでも長くて一ヶ月半位の滞在ですので、スケジュールとしては無理なく続けてゆくことができたのです。

関取が東京の自宅に戻ってくる度に見なれないアフリカのお面がリビングに飾られていたり、民族衣装を部屋着にしている私と再会するということはありましたが、隆三杉関は懐が広いのでアフリカやヨーロッパの風を受け入れて、私が海外から持ち帰ってきたワインを二人で飲みながら離れている間にお互いが経験したことの話に夜遅くまで花を咲かせていました。

芸術劇団「TAICHI-KIKAKU」として言葉に頼らない、言葉を超えた演劇「身体《しんたい》詩《し》」という唯一無二の舞台芸術を生み出して、年に一度「東京芸術劇場」や「座・高円寺」等での東京公演と、文化庁等の後援を受けて、エジプト政府主催の「カイロ国際実験演劇祭」等様々な海外から招かれての公演で世界二十四ヶ国を巡ってきました。

世界を巡っている中ではとても不思議な出会いで次の国に招かれるという事もありました。一九九九年のクロアチア、「ザグレブ国際演劇祭」に参加した時はこんなことがありました。

クロアチアの首都ザグレブで公演の前日、稽古を終えて私たちがカフェで休んでいると、斜め前のテーブルに座った一人の赤毛の女性が私たちをジッと見つめていました。軽く会釈をするとその女性は私たちのテーブルに近づいてきて私の隣に腰かけました。メンバーが通訳をして英語での会話が始まりました。

彼女はボスニア・ヘルツェゴヴィナ、サラエボ出身の元女優さんでした。見せてくれた手帳にはさんだ少し色褪せた数枚の写真の中には、マーティン・シーンと共演している若き日の彼女の姿もありました。彼女はセキを切ったように一九九二年～一九九五年のボスニア・ヘルツェゴヴィナ紛争の数年間に彼女の身に起きた事、そして離れなければならなくなったサラエボがどんなに苛酷《かこく》を極めたかを淡々と深く静かに話してくれました。話を聞いている私の眼から思わずポロポロと涙が溢れ出しました。

彼女はこう云いました。

「泣いてはいけない、泣いても何も変わらないのよ」

それでも私は嗚咽《おえつ》するように泣いていました。

「あなたたちの公演を私は明日観に行くわ、劇場で逢いましょう」

そう云って彼女は去ってゆきました。

そして約束通り彼女は劇場に足を運び、私たちの身体詩舞台作品「friend～その日死んでゆくひと」を観てくれました。公演が終わり楽屋を訪ねてくれた彼女は私の眼を射るようにまっすぐに見つめながらこう云いました。

「あなたは、あなたたちはサラエボへ行かなければならない」と。

この瞬間、翌年二〇〇〇年のボスニア内戦中も続けられたという伝説の国際演劇祭「MESSサラエボ国際演劇祭」へ日本のグループとして初めて参加する道がひらかれました。

また二〇一四年、おかみになる二年前、初めての韓国での公演、「春川国際演劇祭」に招聘《しょうへい》されたのは、韓国の旅客船セウォル号の沈没事故の二週間後のことでした。

事故から二週間後、私たち「TAICHI-KIKAKU」の最初の韓国での活動は、ソウル市内にある高校の生徒さんたちとのワークショップから始まりました。ワークショップで出会った高校生の皆んなと、セウォル号で犠牲となってしまった高校生たちが重なり、平常心で向き合うことが辛いほどの心の痛みを覚えました。ワークショップの最中に皆んなが見せてくれた、はにかむような笑顔、くったくのない笑顔は《尊い》という言葉が浮かぶほど、とても美しいものでした。汚れきった大人のエゴが、こんなにも尊いものを奪い、消し去ってしまったことに、強い理不尽を覚え、腹の底が凍りつくような云いがたい怒りをおぼえました。

私たち「TAICHI-KIKAKU」は、悲しみの深い地へ導かれるようにして公演をさせて頂くということが、これまでにも幾度となくありました。そして、「TAICHI-KIKAKU」として初めて訪れた韓国も、深い悲しみが人々を、街全体をおおっていました。祈りを込めた黄色いリボンが風に揺れて……。

「春川国際演劇祭」も今までの歴史のなかで初めて、華やかなオープニングセレモニーを中止して、静かな追悼の会から始まりました。

そんな状況の中ではありましたが、私たちが出会った韓国の人たちはみな温かく、どこか純朴な気風をたたえ、まっすぐな気持ちのやりとりをとても大切にする人たちでした。

驚かされたことがあります。「春川国際演劇祭」のボランティアスタッフとして通訳をしてくれた男の子が、弟を連れて、韓国公演から二ヶ月後の「座・高円寺」での本公演をサプライズで観に来てくれたことです。終演後のロビーに現れた、韓国で接した時と全く変わらない満面の笑顔に出会った時、私は涙が出てきました。「ルミさん泣かないでください」と云っている彼の笑顔は、ワークショップで出会った高校生に感じたものと同じ《尊い》ものと私は感じていました。

二十四ヶ国目の韓国は、私たちに、ひとが肉体と肉体を接して出会うことの大切さを、あらためて教えてくれました。

戦争を引き起こそうとする人々は、よく「かんちがい」という手を使います。出会ったこともないひとを憎しむことは時に大きな危険をはらみます。会って、知って、考えて、感じて、人間の出会いはそうやって始まります。その時、人と人が出会ってほんとうに向き合った時に、「かんちがい」は全く意味も力も持たずに、あっという間に消えてしまうこともあるのです。

二〇一一年、東日本大震災が起きた年に芸術劇団としてだけではなく「芸術の力で生きる力を育む」ことをテーマにして「祈りの芸術 TAICHI-KIKAKU」というNP

O法人を立ち上げ、社会貢献にも取り組むことを始めていました。このNPO法人では年に三度会員様に向けての「祈りの芸術」という小冊子を発行しています。その小冊子の中からどのような活動をしてきたかについて触れている理事長だった頃の私の挨拶文から少し抜粋させていただきます。

―「祈りの芸術」より抜粋―

澄み切った冬の空の下、様々な出来事があったこの一年を静かに振り返ります。心に浮かぶのは、この時代を共に生きている子供たちのことです。この時代を一緒に生きている子供たちの過酷さ、苛酷さに想いを馳せます。子供が安心で幸せでない社会は、もう既に根本から何かが間違っているように思えて仕方がないのです。子供たちの安心と幸せをおびやかす間違った大人の考えが、大手を振って社会に増えてゆく……子供を愛でない、大切に大切に育てない社会に、素晴らしい活躍の未来なんて果たして来るのでしょうか?

TAICHI-KIKAKUは「祈りと実行プロジェクト公演」として『人心の荒むこの時代に生きる十代の子供たち一〇〇人を劇場に招待する』という活動を続けています。

(「祈りの芸術」二〇一五年第十号より)

座・高円寺との提携公演では、第六回の「祈りと実行プロジェクト〜芸術の力で生きる力を育む。十代の子供たち一〇〇人を劇場に！～」を実施し、子供たちのチケットをサポートしてくださるチケットペアレントのみなさまのお力もあって二〇〇人を超える子供たちに、私たちの作品「金色の魚」を観劇してもらうことができました。たくさんの子供たちがサポートのお礼をアンケートに書いてくれた中にこんな一枚がありました。

「今回初めて見させて頂いて、見ることが出来てよかったなと感じました。この制度のおかげで親が働けなくなりお金が少ない私でも見ることが出来ました。ありがとうございました」

「悲しんでいるあなたを愛する」こと、「あなたの悲しみに寄り添う」こと。その想いをアクションにすることは、私たちがひととしてこの世に生まれてきたことの大きな意味そのもののように私には思えるのです。そしてそれは芸術の力で生きる力を育むＮＰＯ法人として、私たちが進むべき道そのもののように思えるのです。

《芸術の力で生きる力を育む》をミッションとしたNPO法人として今年の本公演からスタートさせていただいた「LOVE & FOOD」活動＝チケットの一部をお米やパスタなどに変えて、セカンドハーベストジャパンを通じて一人親家庭や高齢者など貧困が原因で食料に困っている方の元へ食料品を届ける第一回目の取り組みは、無事三百二十キログラム、三千二百食分のパスタを、食べ物に困っている方々の元へお届けすることができました。（「祈りの芸術」二〇一六年第十二号より）

第二回目の「LOVE & FOOD」では、みなさまの拍手が三百四十キログラムのパスタに変わりました。ゆでたてのパスタがどこかのお家でお腹をすかせた誰かの口元に運ばれる風景を思う時、心の底からの歓びと感謝の想いに熱く心が包まれるのです。そしてまた「さあ、私たちに次に一体何ができるのだろうか？」と新しい気力、意欲がわきあがってきます。（「祈りの芸術」二〇一七年第十五号より）

二〇一六年、私がおかみになる直前からスタートした「LOVE & FOOD」活動は私がおかみになって全ての芸術活動を止めてしまった後もＮＰＯ法人として回を重ねて他のメンバーだけで今も続けられています。

《全力》ってめちゃめちゃ不器用なんです。ふたつのことは出来ないのです。だからあんなに愛した芸術もすっぱりと止めて、相撲部屋のおかみであることに《全力》を注ぐことになったのです。

しかし、世界二十四ヶ国で無事公演を続けることが出来たのは、《なにか宇宙みたいな大きなもの》に守られ導かれて出来たのだと心から思います。世界二十四ヶ国で公演をするという事は並大抵のことではないからです。危機を察知するための直感と絶対に途中で投げ出さないねばり強さも何より大切になります。

私の前半人生と後半人生はまるで前世と輪廻《りんね》して一度生まれ変わったあとの人生のように全く違います。

でも前半人生で自分が身につけてきた「諦めない流儀」が相撲部屋のおかみとしての後半人生にも生きてきたのかなと思えます。

実はこの『千年おかみの哲学』をこのたびこのように一冊の本として出版して下さ

誕生日に親方から花束をもらった著者

った致知出版社様から私は一九九九年七月二日の二十五年程前に世界を駆け巡る写真と詩を合わせた『身体詩抄　光るなみだ』を詩人モリムラルミコ（その時は漢字表記）として出版させて頂いているのです。

人生が過ぎてゆくのはほんとうに早いものです。

やがて時が過ぎてゆくと人生の中で起きたこと「すべてが愛おしかった……」ということがわかりはじめてきます。

若き日々を振り返ったこの第九章の最後には、二十五年前の『身体詩抄　光るなみだ』にもおさめられた、隆三杉関が現役引退を決めた日のことを詩にした「その日——タカミスギ」の一編を添えたいと思います。

「その日　──タカミスギ」

その日、泣いた
でも　泣いたのは　悲しくてじゃない
泣いたのは　悔しくてじゃない
あなたが　先に泣いたから
こらえるために　口のまえで合わせた大きな手が
小さく小さくふるえていた

出前のおすしがひからびてゆく
七輪のうえのサザエが　はやくわたしを食べろと
ジュウジュウ　けむりをたてている

「モウ　カテナイヨ」　七つの音が耳にとびこんだ瞬間
目の中で夏の日　浴衣すがたの　大きなあなたが
ゆっくりと私の方をふりむいて、笑って、消えた
「カテルヨ」　云ったとたんに　なみだがでた
私は　イジワルだ
私は　ヨクバリだ
タカミスギは　マダマダ　モットモット　ズットズット終わらない
そう思っていた

いつも　まっすぐにぶつかってゆく　タカミスギ
生まれかわったら　今度は四つずもうもとりたいと云ったタカミスギ

テレビのコメディアンを見ているふりして
怖いかおで自分の手のひらをじっとみつめていたタカミスギ
心のカメラの最後のフィルムは
あなたの目からこぼれた　大きななみだをうつして巻きもどっていった。
その日
その日　満開のままとたんに散ってゆく桜の木の下に
わたしはたっていた
あなたの目からこぼれてゆく　いくつもの桜の花びら
わたしは泣きはらして　もうよくはみえなくなった目で
泣いているタカミスギをみていた

その日、いつまでも　いつまでも

第十章

常盤山親方の懐《ふところ》

――人情とは

常盤山親方の写真を並べて見てみます。

こうして眺めていると、親方は隆三杉関だった頃も含めてつくづく「笑顔のひと」なんだなと思います。

親方の現役時代のニックネームは相撲好きの方ならおわかりになると思いますが、まんまるの顔とまるっこい体が似ていると思われたのか「角界のドラえもん」と呼ばれていました。歳を重ねても親方の笑顔には邪気や険《けん》というものがみじんも無いのです。よくその人の生き方はその人の顔に出ると云われます。だとしたら親方は自ら意志してこの笑顔のような生き方を貫いてきたのだと思います。

ムリ偏にゲンコツと書いて兄弟子と読ませるような昭和の過酷な相撲界においても、現役時代隆三杉関は「弟弟子たちのオアシス」と呼ばれていたと弟弟子の元新花山、千葉公康さんが会う度に何度も何度も嬉しそうに私に話してくれました。もちろん隆三杉関も弟弟子が失敗をしたり、少し怠けているなと感じた時は叱ることもあります。しかし、この関取は何で怒っているのだろうや、或いは気分屋のような理不尽な怒り方をした事が隆三杉関には無いと云うのです。叱る時間は短く叱った事はむし返さな

CALIFORNIA

い。親方はよく「オレは陰険なねちねちしてる奴が一番嫌いだ」と云います。確かに親方がねちねちしているところを私も見たことがありません。心の中と外見が全く一致しているため、違和感というものが全くないのです。ほんとうに見た目まんまのひとなのです。さらに親方が朝起きて機嫌が悪いところを私は一度も見たことが無いのです。どんな事があったとしても、次の朝にはフラットに戻って「おはよう！」と云うのです。

ずいぶん昔の事になりますが、うちの親方と大嶽親方（元大竜関）は同期生なのですが引退してからしばらく一緒に相撲教習所の担当になったことがあります。毎朝六時四十五分から始まる教習所でしたが、大嶽親方が「自分は国技館の近くに住んでいても朝早いなあと思う時があるのに（常盤山）親方は六時前には家を出て来てるのに、毎朝会った瞬間さわやかに『大竜ちゃん！　おはよう！』と云ってくれるんだよねえ。それを見たら自分はこんなんじゃイカンなと反省するんだよ」と笑いながら話してくれたことがありました。

親方の好きな言葉は「平常心」です。「平常心」は物事に対して平静で安定した心の状態や普段通りの平穏な心やあたりまえの生き方などをあらわしている言葉です。ここまで書くと親方の心は常に安定していて、揺れ動くことなど無いように思われるかもしれません。しかしこの「平常心」だけでは親方をあらわすもう一つのキーワード、感情を強くふるわせる「可哀そう」という言葉が読み解けないのです。この親方の「可哀そう」とは決して一時の心情や感想だけで終わるものではありません。親方の「可哀そう」の後には必ず弱い立場や逆境にあるものをなんとか救ってやりたいという自らの《行動》を伴うものなのです。

消滅間際の千賀ノ浦部屋を引き受けて、消滅した貴乃花部屋の力士と裏方を引き受けて、自らの懐《ふところ》に入れて庇って育てるという《行動》を伴うものなのです。

貴乃花部屋の消滅に伴い、力士と裏方十名を引き受ける段取りを周りの喧騒をものともせず粛々と進めていた時、親方の健康を気づかう私に親方はこう答えました。

「絶対に退路を断ってはいけない。自分が全員を無事引き受けたら退路を残すことが出来るから」と。貴乃花親方が撤退＝退職される路をきちんと確保しないと大変なことになってしまうと云いました。確かにそうです。貴乃花部屋消滅の時に、もしうちの親方という存在が無かったらと思うと……親方はこの時貴乃花親方の心情もおもんぱかって庇っていたのです。

そうして親方は消滅によって自分の懐に飛び込んで来た人間たちを「どの子も我が子」と云い切って、懐で温め育てようと決心して《実行》してきたのです。

また、親方は大変に涙もろいところもあり、懐を飛び出すことになった貴ノ岩には「まだ（相撲を）辞めなくてもいいんじゃないか。俺が一緒に（協会に）謝ってやるから……」と涙を流し、貴ノ富士の時は（連絡が取れなくなって）毎日のように自宅マンションを訪れても顔を見ることができずに「心配だなぁ……」とジッとこらえるように涙を浮かべ、貴源治の問題が発覚し、涙ながらに謝る貴源治を見て「バカなことをして……」と一緒に涙していた親方……。そしてそのあと決まって私と二人きりになると「可哀そうに……」といつもはまんまるな顔を苦悩に満ちた顔にゆがめて呟いていました。

「可哀そうって……」私は「いえいえ、あなたが、常盤山親方がかわいそうだってみんなに云われてるよ……」と心の中で呟いていました。

でも私はそんな親方を唯一元気づける方法も長年の経験から知っています。それは本当に特別な事ではなく普通のことなんです。それは笑顔で美味しい食べ物を作って食べさせることとです。疲れ切って笑顔になれないとしても、少し口角を上げて微笑むことは出来ます。疲れ切っておしゃべりをする気力が無くても、微笑んで一緒にいることは出来ます。料理を作る時は料理の事だけに集中しているので、逆にアレコレと考えてしまう頭を休めることは出来ます。そうして出来上がったアツアツの料理をハフハフしながら、モグモグ、パクパクと食べ続けるのです。晩酌も進んでくると、なんだかどうでもいいような昔の面白かった時の話が出てきます。親方もその時のことを思い出してガハハと大笑いします。親方がほんとうに笑う時はとても大きな声を出して笑うので、静かなお店にいる時などは私は周りの人に気をつかって、そっと親方の脇腹をツンツンしたりします。

親方は現役の頃、普段は全くアルコールを口にしなかったのですが、本場所中負けが込んでくるとたまに日本酒を一升飲むこともありました。しかし一升飲んでも全く酔わずにほとんど無口だったのですが、現役を引退したとたん晩酌をお楽しみにして、とても同一人物とは思えないほどのおしゃべりさんになりました。現役時代の力士は計り知れない程の重圧感の中にいますから、引退をすると肩の重荷がとれて、不思議なことに皆んなみるみる若返ってその人本来の姿に戻ってゆくのです。

板橋に部屋を構えてからたまにごはんを食べに来て親方の晩酌に付き合ってくれる床山の床勝は横綱初代若乃花の阿佐ヶ谷にあった二子山部屋時代に最初は力士として入門してきましたから、元々はうちの親方の弟弟子になります。晩酌が進むにつれて二人で上機嫌になり大声で昔話をして笑い合い、親方の大好きな五木ひろしさんの歌や映像を見た後は必ず二人の師匠でもある初代若乃花、二子山勝治氏のインタビュー映像等を見て懐かしんでいます。シメに床勝の大好物の、前日から漬け込んでおいたイクラをたっぷりのせた鮭イクラ丼を作っていくと二人で「ウマイ！」「ウマイっすね！」と食べてくれて和やかに長い晩酌タイムがおひらきになります。

精神的にしんどければしんどいほどお風呂に入ることと食べること、気の合う人間とどうでもいいような話をして笑い合うことが何よりのクスリになります。私はしんどければしんどい状況ほど、普通のことを続けるという事に注力します。しんどい時こそ何気ない日常、普通の日々に戻すことが何よりも大切だと思っているからです。

以前、私は浅草の知り合いの方が作って下さったビーフシチューを食べて、とめどなく涙が流れてきたことをお話ししました。その時の私の精神は、何気ない日常から遠い遠いところに離れていました。でもあの湯気の立つビーフシチューを目の前にした時、あたたかい懐かしい食卓に突然戻って座っていたのです。誰かが誰かを心配して想ってくれていた食卓に……。

子供の頃、私が落ち込むと私の好きな料理をたくさん作ってくれて、私が食べ始めると口元に微笑みを浮かべてのぞき込むように私を見ていた母。その母の瞳ははっきりと慈愛に満ちていました。大人になると誰かが庇ってくれるということは本当にとても少なくなります。現代社会においては、他者を庇うということはリスクを伴う行為と判断されて《自己責任》という言葉の登場と共に、否定的なものとして扱われるようになってゆきました。他者は庇わなくていい存在となってから《誹謗中傷》が大手を振って世の中に蔓延《まんえん》し始めました。他者を庇う精神よりも攻撃する精神の方があっという間に増殖していったのです。

しかし、果たして日本人はこんなに攻撃ばかりを好む民族性だったのでしょうか？　人生うまく立ち回ったほうが勝ち。お人好しが馬鹿を見る。現代社会は《人情》をもいつのまにか馬鹿にするようになりました。

涙もろくてひとのかなしみや辛さを自分のことのように感じ、困っているひとを心から「可哀そう」だと思い、なんとか助けてあげたいと思って行動する《人情家》をも合理的ではない、効率的ではないと優先順位を低く見るようになりました。

《人情家》の反対は例えば〈利己主義者＝エゴイスト〉でしょうか？　利己主義――他人より自分が大事はやがて自分だけが大事、自分だけが得をすればいい、自分のものはもちろん自分のもの、他人のものもあわよくば自分のもの、自分のものにするためなら他人を攻撃していい、よしんば自分のものに出来ないなら相手の失敗を強く願うか足を引っ張ればいい……。文字にしていても気が滅入るくらい救いようのない生き方に思えます。この気が滅入るカンジは、自分の事だけを考えて生きることが、実は私たち人間が生きることに沿っていない事だと教えてくれているように私には思えます。

逆に現代社会では優先順位が低いとされる《人情家》の生き方やエピソードに触れると心が温かくなり、胸がキュっとしたり、熱い涙がじんわり浮かんでくるのは、私たち人間の心のセンサーが実は正常に作動していることを教えてくれているのではないでしょうか？

現代社会で度々問題になっているＳＮＳでの他者への誹謗中傷などもまさに〈利己主義病〉と云えると思います。

少し前まで日本では「ひとの悪口を云ってはいけない。自分をかえりみず、ひとの悪口を云うことなど恥ずかしいことだ」と教えられてきました。

また「本当に知りもしないことをさも知っているように話すことは、知ったかぶりと見透かされて笑われる対象でした」

さらに「噂話にうつつを抜かして打ち興ずることは下品な行為でした」。

ＳＮＳでの間違った強力な自己承認欲求がやがて誹謗中傷や迷惑行為へと辿り着くことはまさに自明の理だったのです。

親方の存在は、私に大きな宿題を投げかけてくれました。果たして「人情とは何だったのか？」を。そして「人情はこのまま社会から姿を消してしまっていいのか？」を……。今、私の目の前にいる親方の行動や存在そのものは《人情》というキーワードを抜きにしては決して説明することができないのです。

わり切れないこと＝ネガティブ・ケイパビリティ、すぐには答えの出ないことを耐え忍んで受け入れる、抱え込んで受け入れたら見捨てない、自分勝手な理由では決して手放さない。《人情》とはまさに「人間を受け入れて育てる力」です。それは机上の空論やアカウントを消してドロンしようとするＳＮＳの放言等には存在しません。なぜなら、《人情》とは実際に他者に関わり、関わったことに責任を持ち続ける行為と時間そのものをあらわしているからです。

肉体を持った人間が肉体を持った人間と直に接してすり合わせてゆく時間の中で

《人情》は生まれてくるものなのです。

　最近ある裏方さんの奥さんがとても嬉しい話を聞かせてくれました。

「だんなさんが今までいろんなことがあったけど、常盤山部屋では優しさを教わった。前の部屋では厳しさを教わったけど、一番大切な優しさを常盤山部屋で教わった……いちばん大事なのは優しさじゃないかな……と家で呟いていて聞いていた自分も泣いてしまった」と……。

《人情》とは優しさです。

《人情》が端へ押しやられてきた世の中では、《優しさ》もまたどんどん生き辛くなってきているのです。優しく庇うどころか「どうなろうとも自己責任だと突き放し、他者を絶対に許容せず、自分が利を得るためなら情け容赦なく攻撃し、打ちまかす」この論理は何かの論理に似ていると思いませんか？　そうです〈戦争の論理〉に酷似しているのです。

時代は人間の想念（＝心に思い浮かべること）によってつくられています。同じ状態、同じ景色の中にいても肯定的、前向きに生きることもできれば、否定的、破壊的に生きることもできるのです。

西アフリカにコートジボワールという私にとってとても大切な国があります。私たちはこの国を三度訪れました。言葉をあまり使わない私たちのお芝居を劇場だけではなく、村の広場でも上演したことがあります。その時の様子は映像にも残され、その後、何度も私たちの舞台作品の中にとり入れられてきました。村人たちのはじけるような笑顔、まっすぐで美しいその笑顔は映像の中で今も色褪せることはありません。

しかし、そのコートジボワールに一九九九年、その後の内戦につながってゆくクーデターがおきました。クーデターが少し落ちつき、再びその地を訪れた私たちが受けた衝撃——彼らの顔はまるで笑顔を忘れてしまったかのようにイラだち、常に緊張して、別人のようになっていました。大人も子供も《ほんとうの子供》のように顔からピカピカと光を放っていたあの笑顔——それを奪った大きな悪意の力に私は腹の底からいいようのない燃えるような怒りを感じました。

時代は人間の想念（おもい）によってつくられています。かんたんに云えば、戦争をしたくない人と、戦争をしたい人がいて、戦争をしたい人がより多く、そして強い意見を持っていれば戦争は始まってしまうのです。みなさんも一度はテレビなどで見たことがあるでしょう。戦争に突入してゆく時の一人の権力者とそれを崇拝する広場の群集たちを。客観的に見れば、それは愚かで奇妙な光景に見えますが、一度そのうねりが起きてそこに巻き込まれてしまえば、私たちひとりひとりはとても無力な存在にさせられてしまうのです。

そして、それは決して遠い国の事や遠い過去の事や対岸の火事ではないのです。

戦争だけではありません。あらゆる不幸な出来事は、最初は見過ごしてしまうような小さな小さな選択ミスを「まあいいか」「まだいいか」と積み重ねてゆくことで始まっていくのです。利己主義の蔓延で、残念ながら現代社会は〈不人情〉や〈不寛容〉が大手を振って歩く世の中になってしまいました。全てを差し出す必要はないのです。ホールケーキまんままるまる一個自分一人だけで食べようとするのではなく、一口、二口、三口、四口……分け合うそんな精神から《寛容》や《人情》は少しずつ少しずつ広まってゆけると思うのです。分ければ増え、くみ出せばまたどんどん溢れてくる湧き水のように、失われつつあるその精神はまた息を吹き返してこの世の中に広がってゆけると思うのです。

いつそのスタートの合図が出されたのかもわからないまま、人間の想念はまるで全く別々の自分たちの国を創り始めたようです。

そのひとつの国が、神と呼びあがめているものは「お金」です。その国は「お金」と「欲」に支配されています。嘘や悪口を嗜好するその国の人の心は「もっともっと」と欲望をかきたて、決して満たされることはなく、疑心暗鬼にとらわれたその外貌は美醜にかかわらずどこか獣の気配を漂わせています。

もうひとつの国の神さまは「愛」です。その国の人々の価値観の根底には「愛」が存在しています。心の中の「愛の存在」がふくらみ育ってゆくほどに心の中は安心感で満たされ、微笑みや笑顔を浮かべたその面差しは、見ているひとの心の中まで温かくするような光の気配に溢れています。そうして不思議なことにその国の人々の近くにいると、まるで「愛」が「愛」を呼び、エネルギーが交流してゆくように《温かな生きる力》が湧いてくるのです。

神さまからのスタートの合図もなく、人間の想念は全く別々のふたつの国を創り始めたようです。「お金と欲にまみれた愛情深いひと」という言葉がなりたたないように「お金と欲にまみれた人は愛情深くなく」「愛情深いひとはお金と欲にまみれない」ようです。そしてふたつの国が重なり合う部分＝グレーゾーンは価値観が細胞分裂をするように、いつのまにか完全に分離させられてしまったようです。

「ひとの悪口を云ってはいけない。自分をかえりみずひとの悪口を云うことなど恥ずかしいことだ」という価値観は「お金」を神としてあがめる国の人々には全く聞いたことのない外国の言葉のように感じられるでしょう。私には「お金」だけに価値を見出している国の人々の心はもうすでに「心の内戦状態」にあるように感じられて仕方ないのです。自己の利益だけを追求するために他を寛容せず時に奪い、叩き潰す……。

この見すえる先の未来が全く異なったふたつの国の人々のふたつの価値観が交わることはあるのでしょうか？　ふたつの国の想念（＝心に思い浮かべること）はとても違うのです……。

親方からの大きな宿題「人情とは何か？」「人情はこのまま社会から消えてしまっていいのか？」

《人情とはひとを受け入れて育む力》です。そんな大切なものがこのまま社会から、この世の中から消えてしまっていいはずがないのです。そうです！　こんな時こそネガティブ・ケイパビリティを発動させるのです。すぐには答えの出ない事柄に耐えて考え続ける力です。今、世の中で大手を振っている想念が違うと思うなら「真心」や「愛」が大切な想念だと思うなら、諦めずにジリジリ這ってでも真心や愛や人情の想念を伝えてゆかなければならないのです。〈正直者がバカを見る〉〈お人好しがソンをする〉がまかり通るこの世であってはならないのです。

有名な《ブロークン・ウインドウ理論》、アメリカの犯罪学者、ジョージ・ケリング博士が提唱した割れ窓理論は「建物の割れた窓を放置しておくと誰も注意を払っていないというサインとなり、やがてどんどん周囲の窓も割られて、まもなく全ての窓が壊されることになる。小さな無秩序がさらなる無秩序を生み、やがて無法地帯をまねくことになる」というものです。

私たちが今ともにいるこの現代社会は《温かさ》や《愛》に満ちていると云い切れるでしょうか？　赤ん坊や子供がむごたらしい死を迎えたというニュースは途切れることなく流れ続けています。私たちの心は今《大安心》と云えるでしょうか？

私にはこの現代社会はすでに《心の内戦状態》をスタートさせているように見えて仕方がないのです。あらゆる不幸な出来事は最初は見過ごしてしまうような小さな小さな選択ミスを「まあいいか」「まだいいか」と放置し、積み重なってゆくことから始まってゆくのですから。

二〇二二年七月十四日、名古屋場所の宿舎に滞在していた親方がとてもはずんだ声で電話をかけてきました。親方の師匠、横綱初代若乃花が夢に出てきてくれたと云うのです。南阿佐ヶ谷にあった二子山部屋の近くには善福寺公園がありました。善福寺川に沿って遊歩道があり、師匠はよくそちらでウォーキングをされていて、一度まだ関取だった親方と私がウォーキングをしていたらバッタリお会いしたこともありました。その善福寺川方向から五日市街道を上っていくと、炊き込みご飯が美味しい手作りのお惣菜屋さんがあります。夢でちょうどそのお惣菜屋さんの前にさしかかった師匠を見つけたので親方があいさつをしようと走って行ったそうです。師匠はウォーキングの時に好んで着られていたウェアを着ていて、夢の中なのにその色形まで鮮やかだったそうです。師匠はあいさつをしようといそいで走ってきたうちの親方を見ると「あ～（声をかけられる時の口癖）金尾！」「やってるじゃないか！　おまえ！」と懐かしいいつものあの声で声を掛けて下さったそうです。親方は師匠にそう声を掛けてもらったのが嬉しくて嬉しくて……。

明け方の夢だったそうですが、忘れたくないと思って、手帳にその夢の内容を書きつけたとはしゃいだ声で云っていました。

「おやじ（師匠のこと）がそう云ってくれたんだよ。声掛けてくれたんだよ。すごくリアルだったんだよ」

嬉しくてたまらないまんまるの笑顔が電話の向こうからでも伝わってきました。私は「そうだよ！　きっと親方が頑張ってるから褒めてくださったんだよ！」

と何度も何度もうなずきながらそう親方に答えていました。


二〇二四年三月二十七日の理事会で二所ノ関一門の長である芝田山《しばたやま》親方（第六十二代横綱大乃国《おおのくに》関）のご尽力により、貴源治の件で二年八ヶ月に亘って続いていたうちの親方の委員から年寄への二階級降格処分がようやく解かれて元の委員の地位へと戻ることが承認されました。

兄弟子大関初代貴ノ花の花田満氏から生前に頼まれた約束を守る為に、二〇一〇年の理事選で二所ノ関一門を離れなければならなくなった時、引き止めてくれた手を振り払ってしまった芝田山親方が、かかと五センチを残した一五〇メートルの断崖絶壁からうちの親方の手首をしっかりとつかんで引き戻して下さったのです。

私の母の手料理も何度も一緒に食べて頂き、うちの親方は横綱大乃国関の土俵入りで露払いや太刀持ちも務めさせて頂いた、うちの親方とはお互いの十代の頃から長い長いお付き合いのある芝田山親方でした。

私はその芝田山親方の「人情」にまた胸が熱くなり涙が流れてきました。

第十一章

千年おかみの哲学

――それでも笑うということ

「おめでとう‼」「おめでとうございます‼」

沿道に集まった何千人もの人たちが相撲部屋「常盤山部屋」に祝福の言葉を投げかけてくれています。

ヒマラヤ杉がそびえるときわ台駅前の広場は身動きがとれない位の人たちで埋めつくされ、広場から放射状に広がる道には広場に向かってくる老若男女、ご家族連れの方が遠くまで見えて、お祝いの姿を一目見ようと楽しそうに歩いていらっしゃいます。

二〇二三年二月二十三日祝日、先の一月場所を十二勝三敗で三度目の幕内最高優勝を果たした「常盤山部屋大関貴景勝関優勝報告会」が板橋区ときわ台駅前広場で盛大に開かれていました。広場に集まった方は二千人と発表されましたが、駅周辺や放射状の道にいらっしゃった方を含めるとその倍以上の方が足を運んで下さったように見えました。

東京二十三区の板橋区では初めての相撲部屋として、《優勝》を板橋区へお届け出来たことは本当に心から喜ばしいことでした。

令和五年一月場所幕内最高優勝大関貴景勝関

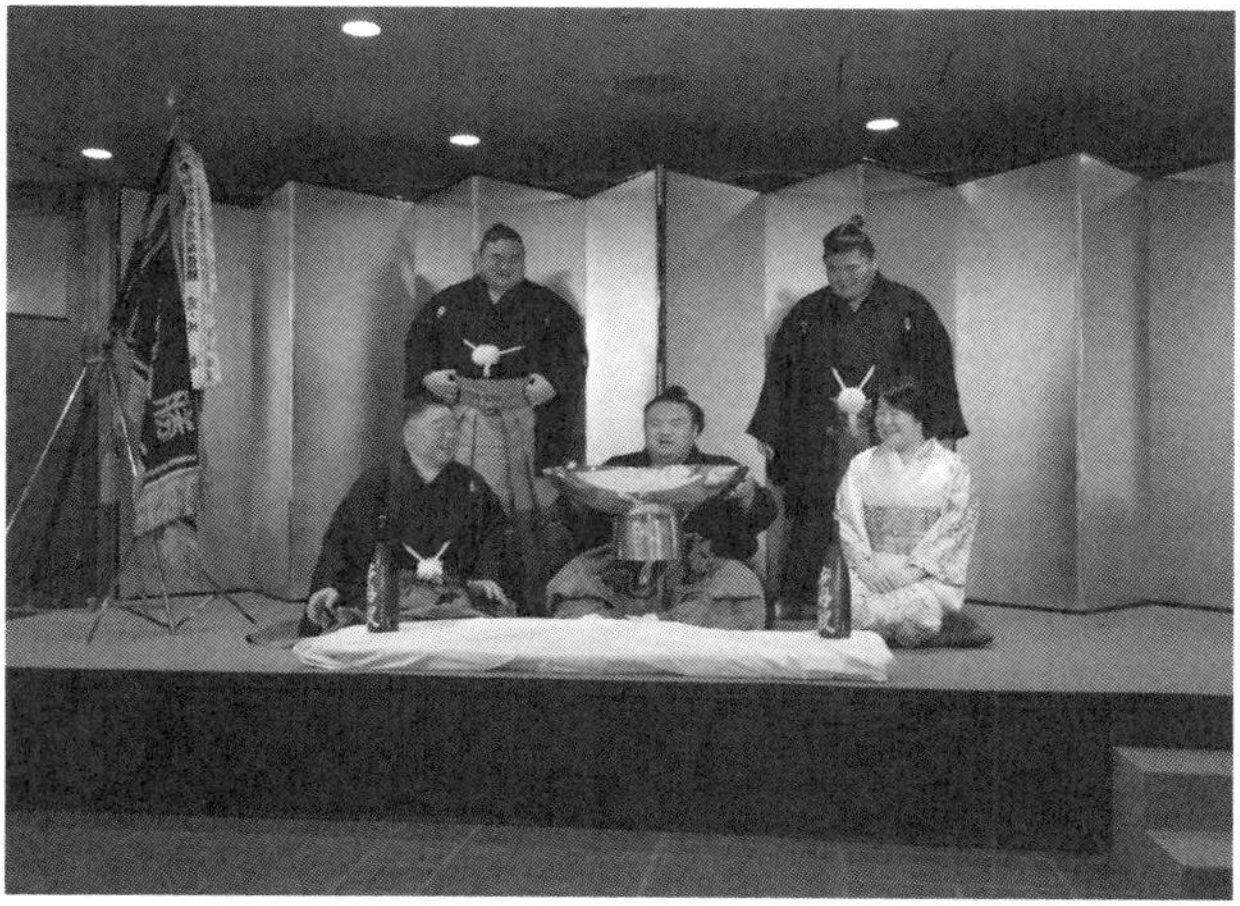

令和五年九月場所幕内最高優勝大関貴景勝関

「常盤山部屋」とは一体何だったのでしょうか？

私たちの終わりの時間までに限りがあるからでしょうか？　最近何度も何度もそんな問いが頭に浮かびます（親方は二〇二六年三月一日に相撲部屋の師匠としては停年を迎えます）。

今朝も、一階の稽古場からは明日を夢見る若武者たちのぶつかり合う烈しい稽古の音、雄叫《おたけ》びが建物全体を揺らしながら三階にある自宅に響いてきます。

親方と私が相撲部屋の師匠とおかみだった時間は二〇二六年の三月一日でちょうど十年間になります。

一般的には力士が三十歳を過ぎてしばらくしてから引退を迎え、最初は所属していた部屋の部屋付き親方として後進の指導をしながら親方としての仕事を学び、独立して新しく相撲部屋を構えるまでに数年がかかります。それが三十代から四十代だとしたら、六十五歳が相撲部屋の師匠としての停年ですから、だいたい二十年～三十五年程相撲部屋の師匠を務めることになります。親方の師匠スタートは五十五歳でしたからとても遅いスタートとなります。相撲部屋を新しく創設して師匠となるためには、昔は緩和されていたようですが、今は大変厳しい条件があります。

一、横綱、大関
二、三役通算二十五場所以上
三、幕内通算六十場所以上

うちの親方はこの三番目の「幕内通算六十場所以上」、幕内に在位したのが十年以上ということを幕内在位七十一場所でクリアしており、自ら相撲部屋を創設出来る資格を有していました。

相撲界では一般的に相撲部屋の師匠になることを「部屋持ち親方」と呼び、その部屋に所属している親方を「部屋付き親方」と呼ぶことがあります。

うちの親方は「部屋を持つなんて絶対に嫌だ！　めちゃくちゃ大変そうだから絶対部屋付き親方のほうがいいよ、自分の時間も持てるし……」と若い頃から云っていました。

しかし《導き》とは不思議なものです。嫌だー！　と云っていた「めちゃくちゃ大変」な事のど真ん中でもみくちゃにされることになるとは、その時は思ってもいませんでした。

たくさんの相撲部屋がありその各々の部屋の師匠のタイプも様々だと思いますが、しかし、今振り返ってみるとうちの親方は本人は気づいていなかったのかもしれませんが、やっぱり相撲部屋の師匠に向いていたのだと思います。

私の考えるリーダー＝周りを導く者にとって大切なものは五つあります。

一、目の前にいる人間のことを自分のことのように思える「共感力」
二、どことなくその人といると安心感を感じさせること
三、約束を守るために《全力》を尽くす人間であること
四、〈自利〉よりも《他利》が自然なふるまいの中にあること

五、なによりも笑顔をたやさずに物事を明るい方向に導くこと

親方も私もいつのまにかこの五訓を胸に刻んで大切にしてきました。いつのまにかというよりも、目の前にいる生身の人間たちとの日々の中で自然に切磋琢磨《せっさたくま》され、心に刻み込んでいけたのかもしれません。

稽古場から四股を踏む、ズシーン、ズシーンという地鳴りが響いてきます。身体中の全ての力を胸と腕と手のひらに集めて鉄砲柱を打つパシーン、パシーンというてっぽうの音が聴こえてきます。

番付発表から初日までの二週間、稽古は更に激烈さを極めてゆきます。大関貴景勝と関脇経験者の隆の勝の申し合いの時には一階半程の高さのある稽古場に、まるで五メートル位のグリズリーが二頭入り込んできて死闘を繰り広げているような咆哮《ほうこう》と建物をガタガタと揺り動かす地鳴りが伝わってきます。生身の人間と人間が全身全霊のぶつかり合いを倒れ込むまで繰り返す、いえ泥だらけで倒れ込んでも終わらせること

はありません。勝ち負けを競う勝負という言葉ではくくり切れない、まさに行《ぎょう》＝荒行の《修行場》が《相撲部屋》なのだと今私は思います。

私も世界二十四ヶ国で公演をするという私なりの荒行をやってきました。そしてその荒行のあとに私はまた新たな荒行と出会いました。

この「相撲行《すもうぎょう》」という尊い荒行を、全身全霊全力で支えるという新たな荒行に私を導いてくれた常盤山親方と「なにか宇宙みたいな大きな力」にはほんとうに一点のくもりもなくただただ《感謝》しか思い浮かびません。


私はこう思います。生きている限り繰り返し訪れてくる《試練》を乗り切るために、心に「なにか宇宙みたいな大きな存在」を置くことが必要なのだと。

宇宙の果てを見た人間はまだ一人もいません。私は果てのない宇宙のことに想いをはせた時、不思議な安心感で心が満たされてゆきます。

私たち人間の〈今世〉の命には限りがあります。どんな風に過ごしたとしても、必ず終わりの時を迎える宿命を持っています。この世での命を与えられた時にその命は必ず終わりを迎えるものであると宿らされ、私たちはこの世にやってきているのです。取りつく島もない圧倒的な結論です。そして人生が過ぎてゆくのは本当に早いものです。あらゆる出来事も記憶も試練でさえもやがて時が過ぎてゆくと「人生の中で起きたことのその全てには意味があり、愛おしいものだった」ということがわかりはじめてきます。

私は人間の存在がそのように儚《はかな》いからこそ、誰一人として果てを見たことのない《宇宙》に思いをはせることが大切だと思うのです。

「なにか宇宙みたいに圧倒的に大きな存在」を心に浮かべると、私たち人間の頭と心を一杯にしていた日々の悩みがそんなに大したものではないように思えてきます。

そして実は悩みのほとんどはほんとうは大したことがないのです。

与えられた《試練》でさえも「試練きましたー!!」と粛々と乗り切れば良いことなのです。

「宇宙の果てをまだ誰も見たことがない」ことを考えていると、私の心はエネルギーに満たされてゆきます。人間なんて知ったかぶりをしている人もたくさんいるけれど、ほとんどまだ知らないことだらけなのです。知らないことがまだまだたくさんあるとしたら、果たして本当に〈今世〉そうだとこの世に流布されている考えも全く正しい事だとは云い切れないのです。

第四章でも書いたように、現代社会ではあらゆるものが早急に答えを出そうとしています。正解か不正解、勝ち組負け組、敵、味方……どちらかに早く決めて悩み続けることやあいまいな不安定さから脱兎《だっと》のごとく抜け出そうとします。

それをしたがるのは〈頭の運動〉なのです。《心の運動》はじっくり時間をかけることをいといません。むしろ時間をかけた先にしか辿り着けないものこそがほんとうのことであり、大切なことだと心は深いところで理解しているからです。

私の敬愛する哲学者で教育者、神秘思想家であるルドルフ・シュタイナーの『精神科学から見た死後の生』の《宇宙の養分》という章の中に私がとても感銘を受けた一節があります。

「私たちがもたらすものは、私たちの道徳的な価値に属するものではありません。

神々が地上で私たちに経験させるもの、宇宙に役立つものを、私たちが養分として宇宙に与えることによって、宇宙は生存しつづけます」（ルドルフ・シュタイナー著『精神科学から見た死後の生』西川隆範訳／風濤社刊）

つまり私たちがこの地上の人生の中で経験させられるもの＝人生というものがたりの中からさらに、宇宙に役立つものがたり＝良いものがたりを宇宙は食べて生き続けているというのです。

この一節に出会った時、私はまさに雷に打たれたようになりました。

儚いと思っていた一度の人間の命がもしかしたら実は無限に活動を繰り返しているのかもしれないと思えたからです。私たちは何故生まれて一時を〈この世〉で過ごし〈死〉によってここから去るのかという意味がわかったように思えたからです。私たちは私たちの生涯を使ってつむぎ出すものがたりの中のさらに《良いものがたり》を宇宙に《養分》として与える使命を持っているのです。私たちが生きるということ、それもより良く生きるという意味が《宇宙》とダイレクトにつながっているのだと確信できた瞬間でした。宇宙は酷い物語を決して養分にはしません。〈戦争という物語〉などは最も養分としないものでしょう。

私たちは生まれ変わってまた何度も何度も《良いものがたり》を生み出すために〈この世〉にやってきているのかもしれない……。


アナログおかみは、月の満ち欠けに敏感だったり、《宇宙の存在》のことを考えるのがほんとうに大好きなのです。なぜなら哲学の極みとは《宇宙の存在》を考え続けることだと私には思えるからです。〈頭の運動〉の好きな人たちはお金を使ってすぐに宇宙に行きたいと云います。しかしたとえ行ったとしても果てのない宇宙から見ればミジンコにも満たない距離でしかないのです。だからそのことによって宇宙の本質を知ったことにはならないのです。

現代社会は〈頭〉ばかりを使って《心》をおろそかにしています。ネガティブ・ケイパビリティや人情は心の中にこそ息づいているものです。SNSの発達と利用に伴って、現代人の想念は〈頭の運動〉に軸を持つ人が圧倒的に多くなってきています。

しかし私はこれからのひとたちは宇宙のことを考え、宇宙に軸を持ち、《心の運動》を豊かにしてほしいと心から願っているのです。

〈頭〉が《心》を低いものとして扱う時代はもう終わりを迎える時が来ているのです。

頭だけでは、果てのない宇宙につながることは決して出来ないのです。


〈頭〉で考えるのではなく《心》で考える。

〈頭〉で決めるのではなく《心》で決める。

〈頭〉で納得するのでなく《心》から納得する。


宇宙に軸を置くと芯《しん》がぶれなくなります。芯とはものの中心のこと。その字の中にあるように人間の中心部分とされる《心《しん》》のこともあらわしています。宇宙に軸を置くと心がぶれなくなるのです。

宇宙に軸を置いてそこに自分を浮かべて下界を眺めてみます。

「宇宙からの俯瞰《ふかん》の目」です。

その目であらゆる良いことと良くないことの全てを静かに眺め続けていると、ある時ふわっと当事者の苦悩から解き放たれて客観的な目で物事を見ることが出来るようになります。宇宙という圧倒的な存在に軸を置くと、良いことがあったら自分の力、悪いことがあったら他人のせいと軸がフラフラと移動することがなくなるのです。

私が《なにか宇宙みたいな大きなもののこと》を忘れずにずっと考え続けているのは自分の軸がズレてしまっていないかを確認し続けているからなのかもしれません。《芯》の強いひとは〈我〉の強い人とは全く違います。我の強い人の人生の大きな目的は〈自利〉というものによって動かされています。しかし芯の強いひとの人生の目的の中には必ず《他利》が存在しているのです。エゴイスティックに自分一人だけの利益を追い求めてゆく生き方は、宇宙の目から見ればちっぽけで不味い物語に見えているかもしれません。

また「宇宙からの俯瞰の目」を持つと、不思議なことにどんなに困難だったり大変な時にもクスッと笑いたくなる瞬間が出来るのです。ある時ふわっと当事者の苦悩から解き放たれて客観的な目で物事が見れるようになると、《自分自身》をも俯瞰の目で見ることが出来るようになるからです。

それは「仏壇の中から外界を観る目」にも似ています。もう死者となった私は仏壇の中にいます。仏壇の周辺では私と私が知る人間たちの様々な悲喜こもごもの日常が繰り返されています。死者となった私が生者である私を眺めているとその全ての姿が心から愛しく思えてきます。泣いている私、怒っている私、喜んでいる私、ひどく落ち込んでいる私……その全ての瞬間の耳元でふとある言葉をささやきたくなります。「笑おうよ」「笑っていようよ」と。

その言葉は《自分》からのメッセージであり、また「なにか宇宙みたいな大きなもの」からのメッセージのようでもあります。その声が耳に届いたとたん不思議なことににこっと笑っていたくなるのです。《笑顔》は人間が出来る史上最大の努力だと私は思います。笑うことは笑うということを意志することです。《笑顔》は自分の心をも明るくし、それを見た周りのひとの心をも明るくしてくれます。

ほんとうの《笑顔》は光そのものなのです。

二十代の時に共に芸術劇団を立ち上げた生涯の大親友とメンバーは、私がおかみになってからも私の近くで様々な方法で私と親方を支え続けてくれました。一番助けられたのは様々な試練の中でずっと私の話を親身になって聞き続けてくれたことです。

生涯の大親友は今笑いながらこう云います。

「ルミちゃんは昔から考えられないほどのどんなどん底の時にもユーモアの種を見つけて、よくこんな時に笑えるなと思えるほどほんとうによく笑ってるよね」

たぶんきっと弟子たちも将来一緒に過ごすことの出来たこの日々を振り返った時に、親方とおかみさんはよく笑っていたなぁと思い出すことでしょう。

毎年年末になると常盤山部屋後援会員の皆さまへ、一年の御礼の意味を込めてその年の親方と力士たちの稽古風景と《笑顔》を散りばめたクリアファイルをお届けしています。そこにある写真のほとんどは私か親方がシャッターを押して切りとった姿です。

たくさん笑う私はまた、たくさんのみんなの《笑顔》を受け取ることで、それを糧として絶対に諦めずに前へ前へと進んでゆくことが出来たのです。その《笑顔》と目

常盤山部屋令和五年版と令和六年版のクリアファイル

に焼き付けた力士たちの《荒行》の尊い姿は、これからも私の心のカメラに永遠に刻まれてゆくことでしょう。大相撲の発展と共に。
本当に色んな出来事がありました……。まるで千年の時が過ぎたように……。まもなく終わりを迎えようとする親方と私の第十七代常盤山部屋のものがたりは今、深く、静かな感謝の想いに満ち溢れています。
そして、今回、二十五年の時を経て、私の想念を再び世に出すことを導いて下さった株式会社致知出版社の藤尾秀昭社長様と柳澤まり子副社長様の「人情」にこの場をお借りしまして衷心よりの感謝を申し上げます。

最後にこの本をお読み下さったすべての皆さまへ、一九九九年、二十五年前に致知出版社で出版された私の本『身体詩抄　光るなみだ』より「笑う」という一篇の詩を捧げさせて頂き、ペンを置きます。

二〇二四年十一月吉日　第十七代常盤山おかみ　モリムラルミコ

「笑う」

うまも　笑う　ヒヒヒヒヒン
犬も　笑う　ワワワンワン
金魚はピチピチ　セミはジージー
ワニだって　キリンだって　クジラだって笑っているのに
ひとだけが　いつのまにか　笑うことを忘れている

なんにもないから笑うのです
ただ　そこで　笑っているだけなのです

にこっと笑うと　そこに　にこっというおもいが
生まれます
なんにもないからこそ　ひとは笑うのです
だれかに　笑わせてもらうのではなく
だれかが　笑ったから　笑っているのではなく
わたしが　笑ってみるのです

わたしが　ここで　笑ってみるのです

こちらから著者モリムラルミコの朗読で
「笑う」をお聴きになれます。

【Information】

この『千年おかみの哲学』の売上げの一部は
著者モリムラルミコより NPO 法人 祈りの芸術
TAICHI—KIKAKU の「**LOVE & FOOD** 活動」
を通じて社会貢献に役立てられます。

順次 NPO 法人 祈りの芸術 TAICHI—KIKAKU の
ホームページにて報告させていただきます。

https://taichi-kikaku.tokyo

Love & Food

「**LOVE & FOOD**活動」とは《芸術の力で生きる力を育む》NPO法人 祈りの芸術 TAICHI-KIKAKUが2015年より続けてきた、公演の売り上げの一部をパスタなどの食料品に変えて、セカンドハーベスト・ジャパン（「すべての人に食べ物を」を理念に掲げる日本初のフードバンク）を通じて、一人親家庭や高齢者など貧困が原因で食料に困っている方の元へ食料品をお届けする活動です。
これまでに1000kg（10000食分）を越えるパスタを寄付しています。

十七代 常盤山ホームページ **https://takamisugi.com**

〈著者紹介〉

モリムラルミコ

詩人、第十七代常盤山部屋おかみ(本名:非公開)梅光女学院大学短期大学部日本文学科卒業。FM局アナウンサーを経て、1988年自身の詩から生まれる「身体詩」という新しい演劇ジャンルを切り拓き、自身とオーハシヨースケ氏が共同代表として設立した芸術劇団「TAICHI-KIKAKU」の作・演出・パフォーマーとして世界24ヵ国50都市の国際演劇祭等より招聘され海外公演を実施、国際的に高く評価される。1999年に致知出版社より自らが世界を駆け巡る写真と詩を編んだ『身体詩抄　光るなみだ』刊行。2012年に《芸術の力で生きる力を育む》NPO法人「祈りの芸術TAICHI-KIKAKU」を設立し、初代理事長に就任。芸術活動での被災地支援や芸術教育活動を実践する。2016年からは相撲部屋のおかみに専念し、裏方として夫である十七代常盤山太一親方を支え力士の育成に取り組む。2026年3月に十七代常盤山親方は相撲部屋の師匠としての停年を迎える。

千年おかみの哲学

令和六年十一月二十五日第一刷発行

著者　モリムラルミコ
発行者　藤尾　秀昭
発行所　致知出版社
〒150-0001東京都渋谷区神宮前四の二十四の九
TEL(〇三)三七九六―二一一一
印刷・製本　中央精版印刷
落丁・乱丁はお取替え致します。　(検印廃止)

ISBN978－4－8009－1319－7 C0095
ホームページ　https://www.chichi.co.jp
Eメール　books@chichi.co.jp

装幀――スタジオファム
カバー裏写真――アフリカの子供たちと著者
JASRAC 出 2408736-401

人間力を高める致知出版社の本

1日1話、読めば心が熱くなる 365人の仕事の教科書

◉

藤尾　秀昭 監修

◉

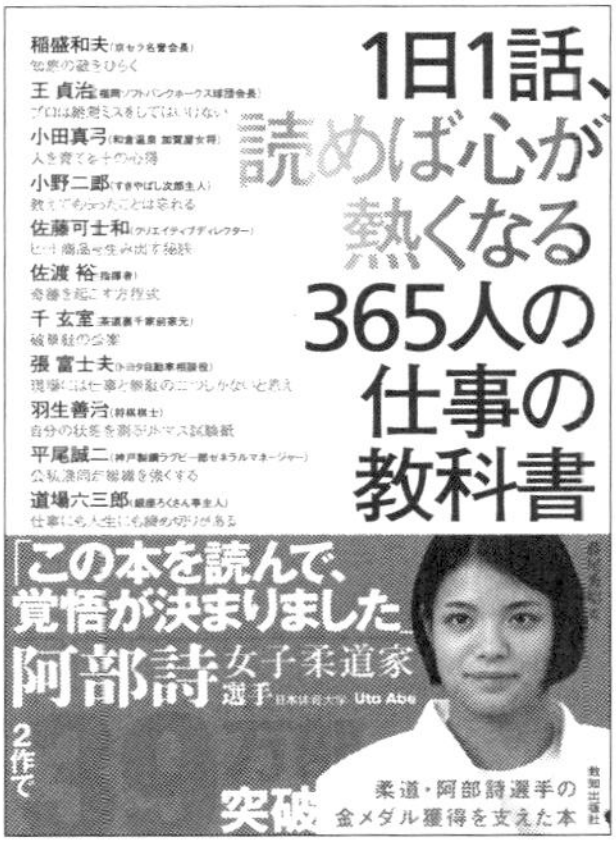

365人の感動実話を掲載したベストセラー。
1日1ページ形式で手軽に読める

◉A5判並製　◉定価＝2,585円（10% 税込）

人間力を高める致知出版社の本

1日1話、読めば心が熱くなる 365人の生き方の教科書

◉

藤尾 秀昭 監修

◉

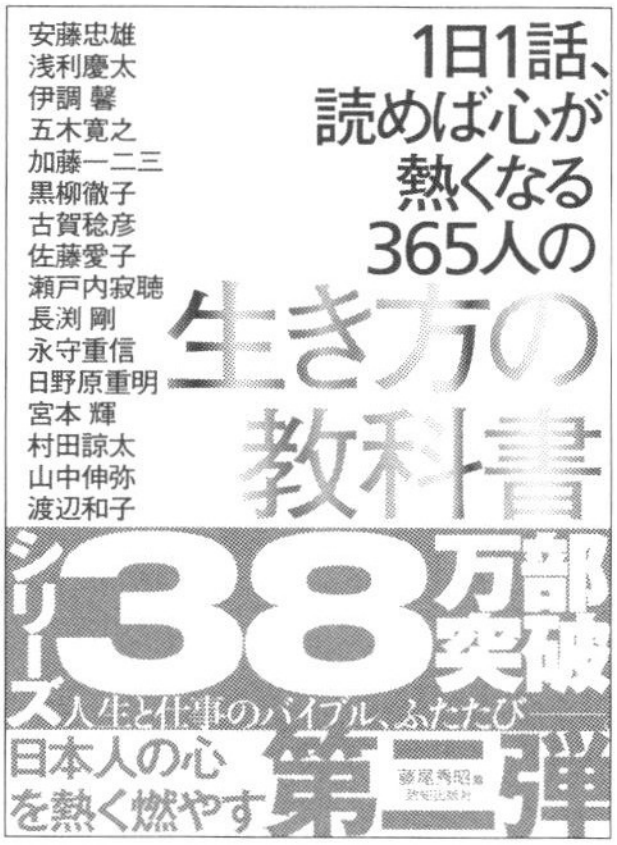

ベストセラーの姉妹本。

「生き方の教科書」となる 365 話を収録

◉A5判並製 ◉定価＝2,585円（10% 税込）